DU

MAGASIN THÉÂTRAL

PIÈCES NOUVELLES

JOUÉES SUR TOUS LES THÉATRES DE PARIS.

THÉATRE DE LA PORTE-SAINT-MARTIN.

CAMILLE DESMOULINS,

Drame en CINQ actes, par MM. MAILLAN et BLANCHARD.

PARIS.

ADMINISTRATION DE LIBRAIRIE THÉATRALE,

Boulevard Saint-Martin, 12.

ANCIENNE MAISON MARCHANT.

1850

1re SÉRIE DU MAGASIN THEATRAL

A 25 Centimes.

L'ALCHIMISTE, dr. en 5 actes, par Alex. Dumas.

L'APPRENTI, ou l'Art de faire une Maîtresse, vaudeville en 1 acte.

ATAR-GULL, drame en 5 actes.

L'AUBERGE DE LA MADONE, drame en 5 actes.

L'AUMONIER DU RÉGIMENT, vaudeville 1 acte.

LA BERLINE DE L'ÉMIGRÉ, drame en 5 actes.

LES BRIGANDS DE LA LOIRE, drame en 5 actes

LA BICHE AU BOIS, féerie.

CALIGULA, tragédie en 5 actes, par Alex. Dumas.

LE CANAL SAINT-MARTIN, drame en 5 actes.

LE CABARET DE LUSTUCRU, vaudeville 1 acte.

CHEVAL DE BRONZE, opéra-comique de Scribe.

LA CHAMBRE ARDENTE, drame en 5 actes.

LES CHAUFFEURS, drame en 5 actes.

CHRISTINE A FONTAINEBLEAU, drame, par Frédéric Soulié.

CHRISTOPHE LE SUÉDOIS, drame en 5 actes.

LES CHEVAUX DU CARROUSEL, drame 5 actes.

LE CHATEAU DE VERNEUIL, drame en 5 actes.

LE CHATEAU DE SAINT-GERMAIN, drame 5 actes.

LE CHEF-D'ŒUVRE INCONNU, drame en un act.

LES CHIENS DU MONT SAINT-BERNARD.

CROMWELL ET CHARLES 1er, drame en 5 actes.

LE COMMIS ET LA GRISETTE, vaud. 1 acte.

LES DEMOISELLES DE SAINT-CYR, drame en 5 actes, par Alex. Dumas.

LES DEUX DIVORCES, vaudeville en un acte.

LA DEMOISELLE MAJEURE, vaudeville en 1 acte.

DON JUAN DE MARANA, par Alexandre Dumas.

LA DOT DE SUZETTE, drame en 5 actes.

LE DOIGT DE DIEU, drame en un acte.

LA DUCHESSE DE LA VAUBALIÈRE, drame 5 actes.

DIANE DE CHIVRY, drame, par Frédéric Soulié.

LA DERNIÈRE NUIT D'ANDRÉ CHÉNIER, monologue en un acte.

L'ÉCLAT DE RIRE, drame en 3 actes.

LES ENFANTS D'ÉDOUARD, par Casimir Delavigne.

L'ÉLÈVE DE SAINT-CYR, drame en 5 actes.

LES ENFANTS DE TROUPE, vaudeville en 2 actes.

LES ENFANTS DU DÉLIRE, vaudev. en 1 acte.

ESTELLE, comédie, par Scribe.

ÊTRE AIMÉ OU MOURIR, idem.

EULALIE GRANGER, drame en 5 actes.

LES ENRAGÉES, vaudeville en 1 acte.

EN SIBÉRIE, drame en 3 actes.

LA FAMILLE MORONVAL, drame en 5 actes.

LA FAMILLE DU FUMISTE, vaudeville en 2 actes.

FABIO LE NOVICE, drame en 5 actes.

LE FILS DE LA FOLLE, drame en 5 actes, par Frédéric Soulié.

LA FILLE DE L'AVARE, comédie-vaud. 2 actes.

LA FILLE DE L'AIR, féerie en 3 actes 11 tabl.

LA FILLE DU RÉGENT, comédie en 5 actes.

LES FILETS DE SAINT-CLOUD, drame en 5 act.

FRANÇOIS JAFFIER, drame en 5 actes.

FRÉTILLON, comédie-vaudeville en 3 actes.

LA FIOLE DE CAGLIOSTRO, vaudeville en 1 acte.

FORTE-SPADA, drame en 5 actes.

LE GARS, drame en 5 actes.

GASPARD HAUSER, drame en 5 actes.

LA GAZETTE DES TRIBUNAUX, vaud. 1 acte.

GENEVIÈVE DE BRABANT, mélodrame 4 actes.

HALIFAX, comédie 3 actes, par Alex. Dumas.

L'HONNEUR DANS LE CRIME, drame en 5 actes.

L'HONNEUR DE MA MÈRE, drame en 3 actes.

INDIANA, drame en 5 actes.

LES IMPRESSIONS DE VOYAGE, vaud. 2 actes.

JACQUES LE CORSAIRE, drame en 5 actes.

JACQUES CŒUR,   idem.

JEANNE DE FLANDRE, drame en 5 actes.

JEANNE DE NAPLES,   idem.

JEANNE HACHETTE, drame en 5 actes.

JE SERAI COMÉDIEN, comédie en un acte.

LESTOCQ, opéra comique en 3 actes, par Scribe.

LA LECTRICE, comédie-vaudeville en 2 actes.

LÉON, drame en 5 actes.

LOUISE BERNARD, dr. en 5 a., par Alex. Dumas.

LE LAIRD DE DUMBIKI, par Alex. Dumas.

LUCIO, drame en 5 actes.

LORENZINO, drame, par Alex. Dumas.

LA LESCOMBAT, drame en 5 actes.

MARINO FALIERO, tragédie en 5 actes, par Casimir Delavigne.

LE MARI DE LA VEUVE, comédie en un acte, par Alex. Dumas.

MARIE, comédie en 5 actes, par Mme Ancelot.

LE MANOIR DE MONTLOUVIERS, drame 5 actes.

MARGUERITE D'YORK, drame en 5 actes.

LE MARCHÉ DE SAINT-PIERRE, idem.

LA MAIN DROITE ET LA MAIN GAUCHE, idem.

MADELEINE, idem.

MADEMOISELLE DE LA FAILLE, idem.

MARGUERITE DE QUÉLUS, idem.

CAMILLE DESMOULINS

OU

LES PARTIS EN 1794,

DRAME HISTORIQUE EN CINQ ACTES,

PAR MM. H. BLANCHARD ET J. MALLIAN,

REPRÉSENTÉ, POUR LA PREMIÈRE FOIS, A PARIS, SUR LE THÉATRE-FRANÇAIS, LE 18 MARS 1831,
REPRIS SUR LE THÉATRE DE LA PORTE-SAINT-MARTIN, LE 3 MARS 1850.

PERSONNAGES.	ACTEURS.	PERSONNAGES.	ACTEURS.
CAMILLE DESMOULINS	MM. Munié.	FOUQUIER-TINVILLE, accusateur public	Rey.
DANTON,	R. Drouville.		
ROBESPIERRE,	Robert Kemp.	DOMINIQUE, vieux domestique de Camille Desmoulins	Dubois.
CHABOT,	Tournan.		
HÉRAULT DE SÉCHELLES,		LE GREFFIER	Manuelle.
PHILIPPEAUX,	Arthur.	FABRE D'EGLANTINE,	Accusés, personnages muets.
	Lansoy.	BAZIRE,	
WESTERMANN, général de la République, accusé		LACROIX,	
	Marius.	LUCILE, femme de Camille Desmoulins	Mmes D'Harville.
HENRIOT, commandant la force armée dans Paris		MARIE	Flore.
	Mercier.	UN AGENT DU GOUVERNEMENT.	
Le général ARTHUR DILLON,	Deloris.		
L'abbé BÉRARDIER	Devéria.		
HERMANN, président du Tribunal révolutionnaire	Mulin.		

Députés à la Convention.

JURÉS, GENDARMES, PEUPLE.

ACTE PREMIER.

Un petit salon au rez-de-chaussée : deux fenêtres au fond ; entre les deux fenêtres une porte vitrée par laquelle on descend au jardin. — Canapé, fauteuils à gauche. — A droite une table chargée de papiers ; portes latérales. — Jarninières devant les fenêtres.

SCÈNE PREMIÈRE.

LUCILE. *(Elle entre du fond.)*

La belle matinée ! Il fut un temps où Camille et moi, nous passions des heures entières assis là, sous le bosquet, au fond du jardin, causant d'amour, et maintenant... *(Elle s'approche de la table sur laquelle est jetée négligemment une écharpe de représentant.)* Echarpe aux trois couleurs, noble insigne dont le peuple revêt ses élus, combien de dangers tu caches dans tes plis !

SCÈNE II.

LUCILE, MARIE.

MARIE, *s'approchant timidement de Lucile.* Madame.

LUCILE. Ah! c'est toi, Marie!

MARIE. Marie! oh! quel bonheur! vous n'êtes pas comme toutes les autres, vous, vous ne m'appelez pas de ce vilain nom de Giroflée que papa m'a donné, depuis que c'est la mode.

LUCILE. Ton père, mon enfant, est un brave et digne homme... mais un de ceux qui, par malheur, ne prennent de notre révolution que le côté ridicule; tu ne lui en dois pas moins le respect et l'obéissance.

MARIE. Même quand il m'ordonne de vous quitter; vous quitter! vous qui m'avez élevée depuis l'âge de cinq ans, vous près de qui j'ai été si heureuse!

LUCILE. Le bonheur, Marie, est avant tout dans l'accomplissement de ses devoirs... Jérôme, par la protection de mon mari, a été placé à la Conciergerie en qualité de porte-clefs.

MARIE. Dites de geôlier, madame. Un geôlier! je tremble, rien que d'y penser.

LUCILE. Et tu as tort: un geôlier peut être un honnête homme, et ton père nous en donne la preuve; il est bon, humain, et je sais pour ma part qu'il a déjà calmé plus d'une souffrance, adouci plus d'une douleur. En t'appelant près de lui, c'est un ange qu'il place dans cet enfer. Ne sera-ce donc rien pour toi que d'être aimée et bénie par les malheureux?

MARIE. Oh! c'est égal, cette grande vilaine maison avec ses murs sombres, ses barreaux de fer...

LUCILE. Allons, sois raisonnable, embrasse-moi, et pars!

MARIE. A deux conditions, madame.

LUCILE, *souriant.* La première...

MARIE. C'est que je viendrai vous voir tous les jours, vous et ce bon M. Camille, et le vieux Dominique.

LUCILE. J'y compte bien.

MARIE. Et la seconde...

LUCILE. La seconde?

MARIE. Dame, je ne sais pas si je dois.

LUCILE, *avec bonté.* Parle.

MARIE. Il y a là dans cette jardinière un petit rosier que vous avez planté, votre fleur favorite; permettez-moi, madame, de l'emporter, je le placerai sur ma fenêtre, personne ne l'arrosera que moi, et, en le regardant je me croirai encore près de vous.

LUCILE, *lui remettant une petite caisse.* A toi ce rosier.

MARIE. Oh! merci!... Adieu, madame.

LUCILE. Non, mais au revoir.

SCÈNE III.

LES MÊMES, CAMILLE, *entrant de droite et tenant des tablettes.*

LUCILE. Ah! te voilà!

MARIE. M. Camille!

CAMILLE. Parbleu! la journée commence bien, deux visages amis, ma Lucile et sa gentille protégée.

LUCILE. Qu'il faut que tu sermonnes à ton tour; figure-toi que j'ai toutes les peines du monde à la renvoyer à Jérôme.

CAMILLE. Ah! c'est mal, citoyenne; parce que nous sommes en République, ce n'est pas une raison pour que les femmes soient libres. Souviens-toi bien que leur existence se divise en deux époques: pendant la première, elles doivent dévouement à leurs familles.

MARIE. Et pendant la seconde?

CAMILLE, *souriant.* Réponds, Lucile.

LUCILE, *à Marie.* A leurs maris!

MARIE. Eh bien! embrassez-moi alors tous les deux, et je partirai contente.

LUCILE, *la pressant dans ses bras.* Oh! volontiers!

MARIE, *montrant Camille.* Vous permettez, madame. (*Lucile la pousse dans les bras de Camille.*)

CAMILLE, *après l'avoir embrassée.* Va, Marie, jeunesse et beauté sont des trésors sur qui Dieu veille. (*Marie sort.*)

SCÈNE IV.

LUCILE, CAMILLE.

LUCILE. Qu'as-tu donc fait hier au soir? je ne t'ai pas entendu rentrer.

CAMILLE. Je ne suis sorti qu'à une heure des Jacobins.

LUCILE. Et tu auras encore passé la nuit à travailler à quelque article du *Vieux Cordelier*, de ce journal qui t'a déjà valu tant d'ennemis.

CAMILLE. Mais qui me vaudra tant de gloire.

LUCILE. Toujours la politique.

CAMILLE. La politique, ma foi, non. (*Montrant des tablettes.*) Ces tablettes renferment quelques mauvais vers que je fis à ma sortie du collège et que je relisais avec complaisance... ce sont mes adieux à ce bon abbé Bérardier, mon ancien professeur de philosophie.

LUCILE. Ah! voyons, monsieur le philosophe...

CAMILLE, *lisant.*
« Je ferai des heureux. Eh! qui, dans ce séjour,
» Elevé près de toi, n'en veut faire à son tour,
» Bérardier? Ce lieu même où, sur les rives sombres,
» Gresset avant le temps crut voir errer nos ombres,
» Je l'ai vu sous tes lois trop tard pour mon bonheur. »

Ah! que j'aime à reposer mes souvenirs sur cet heureux temps du collége!... (*Regardant à sa montre,*) Dix heures! et cette épreuve à corriger... relisons. (*Il s'assied.*)

LUCILE. Encore ton journal!

CAMILLE. Robespierre en connaît les premiers numéros, dans lesquels je prêche la tolérance politique, l'humanité.

LUCILE. Et... il approuve?

CAMILLE. Mais... je le crois; d'ailleurs, que m'importe?

LUCILE. Camille, nous ferions bien de quitter la France.

CAMILLE. Que dis-tu? moi qu'elle honora de sa confiance! moi député à la Convention nationale! Ainsi je léguerais à notre fils un nom d'émigré, de déserteur? Non, non, jamais!

LUCILE. Mais ce tableau de la cour de Tibère, ces vérités hardies qui s'échappent de ta plume...

CAMILLE. Le silence de la circonspection peut commander aux autres citoyens: ses devoirs le défendent à un représentant. Éloignons, chère Lucile, ces sombres idées, et laisse-moi me livrer à ce bonheur si doux, si pur, que je savoure avec ivresse près de notre fils, près de toi... Et cependant je pourrais te parler aussi de mes craintes, moi. Au sein de cette vie agitée et tumultueuse, je crains de ne pas suffire à ton bonheur. En voyant ta mélancolie, je pense que des regrets...

LUCILE. Ah! Camille! qu'oses-tu dire?

CAMILLE. Excuse cet excès de susceptibilité... je conviens d'avance de ma folie; mais je me dis quelquefois: Si, le premier, je ne lui avais pas fait connaître ce sentiment exclusif, cette émotion que moi-même j'éprouve toujours à sa vue... Ce comte Arthur Dillon, ces adieux qu'il nous fit le jour même de notre mariage, la gloire qu'il vient d'acquérir en battant les Prussiens dans la forêt de l'Argonne, ne t'a pas préservé des soupçons de nos ombrageux républicains, et cependant je l'ai défendu à la tribune de la Convention nationale, où quelques voix ont mis en doute la sincérité de son attachement à la cause de la liberté. Sans cette occasion, sans ta tristesse, je ne t'aurais peut-être jamais parlé de lui.

LUCILE. Parlons-en, au contraire, mon ami: élevée au couvent des Dames Anglaises, je m'y liai de la plus tendre amitié avec Élisabeth Dillon, d'origine irlandaise, qui ne cessait de me vanter son frère au service de France dans les colonies. Elle me parlait avec enthousiasme de plusieurs faits d'armes brillants contre les Anglais. Il revint à Paris, et visita sa sœur au couvent. Je fis une vive impression sur lui, du moins à ce qu'elle me dit. Elle aurait voulu que j'aimasse ce frère autant qu'elle le chérissait; mais je ne pus lui offrir, en échange de tout l'amour qu'il éprouvait pour moi, que l'amitié que j'avais vouée à sa sœur.

CAMILLE. Celui qu'à la cour on nommait le beau Dillon avait été, dit-on, distingué par la femme du rang le plus élevé de France.

LUCILE. En effet, on a dit que la reine...

CAMILLE, *avec ironie.* Alors, on aurait pu être fière d'être la rivale préférée de...

LUCILE. Eh! que m'importait alors! n'avais-je pas vu celui qui venait de régénérer la France? Ce jour mémorable, ce beau jour de juillet, sera toujours présent à ma mémoire. Tout Paris faisait entendre ces cris mille fois répétés: A la Bastille! Liberté! liberté! Cette foule innombrable, conduite par un jeune homme armé seulement d'un pistolet; son regard, son action, sa parole animée, tout concourait à le rendre un objet d'admiration universelle, car c'est à lui que les Français (ils ne peuvent l'oublier) doivent le premier acte de leur indépendance. Pour moi, je sentis dès ce moment que ce n'était plus le cœur d'une jeune fille qui battait dans mon sein; je rêvais tous les jours au bonheur d'être l'amie, la compagne de celui dont tout Paris vantait l'héroïsme; et lorsque je suis l'épouse de Camille Desmoulins qui a fait tout cela, il peut lui venir dans la pensée qu'il ne règne pas entièrement sur mon cœur.

CAMILLE. Ma chère Lucile... Mais qu'as-tu? tes regards timidement fixés sur les miens... Tu as quelque chose à me demander?

LUCILE. Non, mais à te rappeler...

CAMILLE. Quoi donc?

LUCILE, *avec hésitation.* La promesse que tu m'as faite... C'est aujourd'hui que le vénérable Bérardier, ton ancien professeur au collège de Louis-le-Grand, doit venir sanctionner et bénir notre union.

CAMILLE. Encore ! mais voilà de la tyrannie de conscience. Sais-tu bien que tu es sur le chemin de la persécution ?

LUCILE. Non, mon ami, je ne veux employer près de toi que la persuasion d'une femme faible, mais aimante, et peut-être, par cela même, superstitieuse. Mais cette supposition appelle ton indulgence ; c'est celle d'une mère qui craint et qui voudrait attirer toutes les protections du ciel sur ce qu'elle a de plus précieux et de plus cher au monde.

SCENE V.

LES MÊMES, BÉRARDIER.

LUCILE. Venez, monsieur Bérardier, venez m'aider à réduire votre élève révolté.

BÉRARDIER. Mon autorité est peu de chose, ma fille, près de Camille Desmoulins qui, lui-même est dépositaire d'une partie du pouvoir souverain du peuple français...

CAMILLE. Ah ! mon digne ami ! j'aime à me rappeler le temps où, soumis au vôtre qui était si doux, je vivais entouré d'amis et des brillantes illusions de la jeunesse ; je me rappelais encore ce matin... là, tenez, ces vers, cet adieu... que vous avez oublié sans doute, et dans lequel je vous parlais comme à mon père...

Que dis-je ? près de toi doucement abusée,
L'enfance ici se croit sous le toit paternel.
O Bérardier ! reçois cet adieu solennel !

Mais laissons là ces rêves si délicieux, et parlons du désir que Lucile vous a manifesté. Une telle cérémonie demande des apprêts, de la pompe.

BÉRARDIER. Pas plus que n'en mettaient les premiers évêques de Rome en célébrant les saints mystères ; au reste, ils ne risquaient que le martyre.

CAMILLE. C'était bien quelque chose.

LUCILE. Ah ! vous me faites trembler !

BÉRARDIER. Rassurez-vous, ma fille ; je n'oublierai pas que c'est vous que je compromettrais.

CAMILLE. En vérité, ma chère amie, ton caprice est singulier, et vous conviendrez tous les deux avec moi qu'on peut fort bien se passer de la cérémonie en question quand on se pique d'un peu de philosophie.

BÉRARDIER, avec onction. L'orgueilleuse philosophie qui dessèche tout et qui dicta la législation moderne, a dépouillé le pacte solennel du mariage de tout son charme ; on dirait qu'elle prétend le réduire à la formule d'une acquisition matérielle. Ce n'est point par de vaines cérémonies, si vous voulez, que l'on doit accomplir cet acte sacré ; mais il est dans l'homme une pensée intime, profonde, pleine d'une poésie touchante et sublime qui lui dit que c'est devant Dieu et l'un de ses ministres qu'il doit jurer de faire le bonheur d'un être qui confie sa vie à son amour, à sa loyauté.

CAMILLE. Cette voix persuasive et touchante !... je ne sais si c'est l'ascendant des plus doux souvenirs de mon enfance. O Bérardier ! vous m'avez profondément ému ! Mais comment avez-vous évité jusqu'à ce jour les persécutions qui ont frappé tous les hommes de votre caractère ?

BÉRARDIER. J'ai su que mon nom avait passé sous les yeux de Robespierre, et, soit qu'il ait éveillé en lui comme en vous des souvenirs d'enfance, ou soit l'effet du hasard, je n'ai point été proscrit ; j'en profite pour exercer mon ministère de consolation et de paix.

CAMILLE. Eh bien, veuillez donc nous le prêter ; je m'y soumets, ma chère Lucile, autant par conviction que par complaisance. Me pardonneras-tu ce reste de scepticisme ? (Appelant.) Dominique ! Dominique !...

SCÈNE VI.

LES MÊMES, DOMINIQUE.

CAMILLE, à Dominique qui paraît. Je n'y suis pour personne... à moins cependant que quelque message important...

DOMINIQUE. Oui, monsieur.

CAMILLE, souriant. Encore !

DOMINIQUE. Ah !... oui, citoyen ; dam ! monsieur... c'est-à-dire citoyen, je suis bien vieux pour me défaire comme ça de mes habitudes, voyez-vous ; et pendant trente ans que j'ai dit monsieur au citoyen Desmoulins, votre père...

CAMILLE. Il faut pourtant te résoudre à me tutoyer, d'après le décret du 24 brumaire an 2.

DOMINIQUE. Ah ! pour ça, monsieur, jamais !... vous me renverrez plutôt de chez vous.

CAMILLE. Eh ! mon ami ! quand tu me tutoierais, cela me ferait-il oublier l'attachement, le dévouement que tu me montres depuis mon enfance ?... Partout des préjugés !... Allons satisfaire à d'autres.

LUCILE. Là, près du berceau de notre enfant. (Camille, Lucile, Bérardier sortent.)

SCÈNE VII.

DOMINIQUE, *seul.*

Ah! mon Dieu! mon Dieu! dans quel temps vivons-nous?... où allons-nous?... Brumaire, l'an 2, floréal, primidi, décadi... je vous demande ce que tout cela veut dire?... C'est, je crois, ce monsieur Fabre d'Églantine, que je vois quelquefois ici, qui a dérangé l'almanach comme ça. Pour moi, je ne comprends plus rien au quantième du mois... Si ça pouvait encore me rajeunir ou me faire oublier mon âge, j'aimerais cette révolution-là; mais...

SCÈNE VIII.

DOMINIQUE, ROBESPIERRE.

ROBESPIERRE. Camille Desmoulins!

DOMINIQUE. Monsieur.... (*se reprenant*) citoyen, il est occupé; cependant si c'est pour quelque message important... Le citoyen veut-il bien me dire de quelle part il vient?

ROBESPIERRE. Annonce à Camille qu'un fonctionnaire public.... (*brusquement*) que Robespierre demande à lui parler. Va!

DOMINIQUE, *avec effroi.* Oui, citoyen... citoyen Robespierre... J'y cours! (*Il sort.*)

SCÈNE IX.

ROBESPIERRE, *seul.*

J'espère qu'il me saura gré de ma démarche... mais c'est la dernière tentative que je fais près de lui. Le succès de son journal lui tourne la tête. Il veut se faire, avec ce Fabre d'Eglantine et Danton, le chef du *modérantisme.* (*En se promenant il s'est approché du bureau, et en y jetant les yeux il dit avec dédain* :) Des vers!... l'extravagant!... c'est bien le moment! Ah! le voilà ce journal. (*Il le prend et lit* :) « Non, la liberté, » cette liberté descendue du ciel, ce n'est » point une nymphe de l'Opéra, ce n'est » point un bonnet rouge ou des haillons. » Serions-nous donc avilis à ce point que de » nous prosterner devant de telles divinités! » La liberté, c'est le bonheur, c'est la rai- » son, c'est la justice. O mes chers conci- » toyens! voulez-vous que je la reconnaisse, » que je tombe à ses pieds, que je verse tout » mon sang pour elle? ouvrez les prisons à » tous les détenus que vous appelez des sus- » pects. Au lieu de ces comités de surveil-

» lance, de salut public, qui fatiguent notre » belle patrie, instituez un comité de *clé- » mence.* Seriez-vous maintenant jaloux de » cette liberté des Français? Aimeriez-vous » cette déesse altérée de sang dont le temple, » au Mexique, se construisait d'ossements » humains; et voulez-vous entendre ces af- » freuses paroles que disaient les prêtres es- » pagnols à Montézume : « Les dieux ont » soif!... » (*Il jette le journal avec colère.*) Le fou! l'imprudent! il ne sait pas qu'il joue avec le feu! Je vais le lui dire, et... je crains bien qu'il ne me force à le lui prouver.

SCÈNE X.

CAMILLE DESMOULINS, ROBESPIERRE.

CAMILLE. Robespierre chez Camille Desmoulins!... Je regarde cette visite inattendue comme une faveur; mais est-ce un ancien ami qui l'accorde ou le président du comité de salut public?

ROBESPIERRE. C'est l'homme, le républicain invariable qui s'afflige de te voir errer en suivant un chemin qui te perd.

CAMILLE. Et ce chemin?...

ROBESPIERRE. Est celui où t'entraîne Danton, et dans lequel te suivent Hérault de Séchelles, Philippeaux et d'autres qu'il est inutile de te nommer.

CAMILLE. J'entends; l'éloquente philippique de ce dernier sur la Vendée?...

ROBESPIERRE. N'est qu'un tissu de mensonges : c'est de l'orgueil révolté. Son plan de campagne comme représentant du peuple n'a pas été suivi par les généraux envoyés dans la Vendée; et dans son dépit il déverse le blâme sur eux, en accusant de cruauté le pouvoir exécutif; c'est continuer l'insurrection départementale commencée par la Gironde. Danton, blasé sur le patriotisme comme sur tout, rêve une monarchie nouvelle; et toi, poursuivant la chimère d'une philanthropie aveugle, prenant tour à tour le ton de la satire ou d'un faux amour de l'humanité, tu oses assimiler l'intérieur de nos comités à celui de la cour de Tibère?

CAMILLE. Est-ce ma faute si l'histoire offre une analogie frappante entre ce temps et le nôtre? Pour moi, j'ai peine à croire que le système que nous suivons puisse durer.

ROBESPIERRE. C'est possible : pour toi surtout.

CAMILLE. Que veux-tu dire?

ROBESPIERRE. Rien, sinon que tu t'enivres imprudemment des éloges perfides que les aristocrates te prodiguent.

CAMILLE. Je repousse leurs louanges et ne me fais point illusion sur le succès prodigieux de mon journal; mais, je l'avoue, je frémis, je recule devant un système dont l'unique argument est la mort.

ROBESPIERRE. Chefs ou soldats de la révolution, devons-nous fuir honteusement nos rangs? Devons-nous y faire entendre les cris de la peur ou les vaines exhortations d'une pitié tardive et inutile? L'impérieuse nécessité nous dit: il faut vaincre, et pour vaincre il faut frapper! Quand, débordant sur l'Europe pour la vivifier, notre révolution s'avance comme un fleuve majestueux, crois-tu donc arrêter par des cris cette vaste inondation?

CAMILLE. Mais quand ce fleuve ne roule que des flots de sang!

ROBESPIERRE. Préfères-tu voir couler le nôtre?

CAMILLE. Ah!... je ne sais, en vérité.

ROBESPIERRE. Eh bien! précipite-toi donc sous les roues du char qui est lancé, tu seras brisé.

CAMILLE. Il est encore quelques bras puissants qui peuvent m'aider à l'arrêter.

ROBESPIERRE. Oui, Danton peut-être?... Son génie éclipsé l'a tout à fait abandonné. On n'a pas oublié qu'il fut le premier qui parla de la nécessité d'un changement de dynastie; on cite même ses liaisons récentes avec Dumouriez. Il couvre en vain d'une éloquence âpre et sauvage ses goûts de sybarite; si personne ne peut lutter contre sa parole hardie et foudroyante, la rigidité des principes républicains l'a déjà dépopularisé; ce n'est plus le fougueux tribun du 10 août, et la monarchie lui va.

CAMILLE. Oui, comme à tant d'autres...

ROBESPIERRE, *avec force.* C'en est trop!

SCÈNE XI.

LES MÊMES, BÉRARDIER, *qui est entré sur les derniers mots que Camille dit à Robespierre, et s'interposant.*

BÉRARDIER. Robespierre...

ROBESPIERRE. L'abbé Bérardier!

CAMILLE. Notre ancien professeur...

BÉRARDIER. Ah! Robespierre, que je serais heureux si votre âme est encore accessible aux sentiments dont vous parle Camille! J'étais là, j'ai tout entendu. Permettez-moi de profiter du hasard qui nous a réunis; permettez à un vieillard que vous écoutiez autrefois avec quelque respect de vous parler au nom de l'humanité, au nom de la France

en proie aux proscriptions et noyée dans son sang! N'êtes-vous point un enfant de cette belle France? et puisque vous en avez le pouvoir, n'arrêterez-vous point tant d'horribles attentats?

ROBESPIERRE. La mission de fonder la liberté d'un grand peuple est quelquefois cruelle, citoyen Bérardier; mais dût-elle coûter encore plus à mon cœur, je la remplirai.

BÉRARDIER. Mais cette liberté après laquelle vous courez tous n'est qu'un fantôme insaisissable.

ROBESPIERRE. Eh quoi! lorsque nous retraçant les vertus sublimes des républiques antiques vous excitiez dans nos jeunes têtes cette admiration, cette exaltation que mon cœur croit ressentir encore, ce n'était qu'un jeu d'esprit? Timoléon sacrifiant son frère au salut de la patrie, Brutus immolant ses enfants à la sûreté de Rome, et Caton se perçant de son épée pour ne pas survivre à la liberté de son pays, ne sont-ce donc là que de vaines fictions dont votre voix éloquente berçait notre crédule jeunesse?

BÉRARDIER. Je reconnais l'argumentation insidieuse de mon ancien élève; mais j'ose en appeler à quelques sentiments religieux que j'espère avoir développés dans son âme. Croit-il nécessaire aussi à la cause de la liberté que des ministres d'un Dieu de paix tombent chaque jour frappés du plomb des soldats ou du fer de l'échafaud?

ROBESPIERRE. N'avez-vous point vu vous-même à l'assemblée constituante ces prêtres fanatiques refuser de faire les moindres concessions à l'esprit du temps, aux besoins de l'état? Il en est quelques-uns qui, échappés aux lois sévères, mais nécessaires, portées contre eux, rêvent le retour d'une monarchie que nous avons fait disparaître pour jamais. Vous-même, citoyen Bérardier, prêtre insermenté, ayant écrit contre la constitution civile du clergé, vous exercez le sacerdoce, je le sais, et... vous vivez.

BÉRARDIER, *avec dignité.* En attendant...

CAMILLE. Oui, comme Sénèque et Burrhus vivaient sous leur élève.

ROBESPIERRE. D'autres prêtres, aussi méprisables qu'ambitieux, un Gobel, un Chabot, ont renié leurs premières croyances et nous fatiguent d'un culte rendu à la Raison, qu'ils semblent n'avoir placé dans les temples que pour l'exiler de la république. Eh bien, je veux, moi, étouffant le fanatisme et revenant à la morale la plus pure, instituer des fêtes à l'Être-Suprême, au Génie, à l'Agriculture; là, tout ce qu'il y a de plus respectable chez les hommes sera honoré, la vieillesse, les arts utiles...

CAMILLE. Et nous voyons sans doute en toi l'autocrate, le grand-prêtre de cette nouvelle religion? On t'accusait de viser à la dictature, mais on n'avait pas cru jusqu'ici que tu voulusses te faire déifier. Il faut absolument, mon ami, que nous arrêtions le bonheur dont tu veux nous faire jouir malgré nous. Tu le sais, le temps des Cromwell hypocrites est passé.

ROBESPIERRE. Toujours le même, Camille, me poursuivant de ton ironie amère.

CAMILLE. Et toi de ta liberté impitoyable.

ROBESPIERRE. Il faut la subir ainsi ou la renverser à jamais.

CAMILLE. Il ne faut renverser que ceux qui veulent la faire servir à leurs projets.

ROBESPIERRE, *réprimant un mouvement de colère.* Barnave rend compte aujourd'hui même au tribunal révolutionnaire de son amour pour la liberté, qu'il aimait ainsi que toi.

CAMILLE. Serait-il possible?

ROBESPIERRE. Il veut te voir, m'a-t-on dit, en sortant du tribunal... Adieu.

BÉRARDIER. Robespierre, écoutez...

ROBESPIERRE. Il faut que je vous quitte; des devoirs impérieux...

BÉRARDIER. Non, non! je connais ton caractère inflexible, Maximilien, et tu ne sortiras pas que Camille ne soit réconcilié avec toi... Si j'emploie ce ton de familiarité, ce n'est point pour obéir à ce décret cynique qu'ont fait rendre un Bazire ou un Chabot, mais pour reprendre ce ton de père que j'employais autrefois, car vous étiez tous mes enfants... Souviens-toi, Maximilien, que Camille était ton frère, ton frère le plus chéri... Sais-tu bien ce que je lui dois?...

CAMILLE. Bérardier, de grâce!...

BÉRARDIER, *vivement.* Sais-tu qu'aux jours affreux des massacres de septembre, Camille accourut, se précipita dans ma prison, qu'on avait déjà forcée, et m'arracha tout sanglant des mains des bourreaux populaires? Et je le verrais s'exposer, avec son imprudence ordinaire, à ton ressentiment! Songe encore une fois, Maximilien, qu'il fut ton ami d'enfance, qu'il a une femme jeune et belle qui l'aime avec idolâtrie; songe enfin qu'il est père.

ROBESPIERRE. Vénérable Bérardier, j'immole tout mon ressentiment à l'amitié, aux souvenirs d'enfance et à mon respect pour vous; mais Camille voudra, comme moi, la gloire de sa patrie; il abjurera cette opposition systématique, il se séparera de ces hommes ambitieux, jaloux ou fripons, que nous démasquerons tôt ou tard; enfin il renoncera, je l'espère, à ce journal dangereux, dont le dernier numéro surtout doit être brûlé!

CAMILLE, *avec force.* Brûler n'est pas répondre.

ROBESPIERRE, *après un moment de silence.* Des travaux importants me réclament à la Convention.

CAMILLE. Adieu, monarque sans couronne.

ROBESPIERRE. Adieu, républicain sans tête. (*Il sort.*)

SCÈNE XII

BÉRARDIER, CAMILLE DESMOULINS.

BÉRARDIER. Vous l'avez entendu... Ce journal?... a voulu que ce fût par moi que...

CAMILLE, *après un temps, saisissant le manuscrit.* Je cours le livrer à l'impression. (*Il sort.*)

ACTE DEUXIÈME.

Un salon. A droite, un bureau; à gauche, un canapé, fauteuils; portes latérales, grande porte au fond.

SCÈNE PREMIÈRE.

DOMINIQUE, *puis* DILLON.

DOMINIQUE. *Il est occupé à ranger; on sonne; il va ouvrir.* Le général Dillon!... c'est-il Dieu possible!

DILLON. Ce brave Dominique!

DOMINIQUE. Il y a si longtemps...

DILLON. C'est vrai... Ah ça, dis-moi, Camille est-il chez lui?

DOMINIQUE. Non, il n'est pas encore revenu des bureaux du journal; mais madame est là, et je cours lui annoncer...

DILLON, *voyant Lucile qui entre.* Inutile, la voici! (*Dominique sort.*)

SCENE II.

LUCILE, DILLON.

LUCILE, *à part.* Ciel! Dillon!

DILLON. Madame, vous avez droit de vous étonner de ma visite... Ma sœur, qui a émigré en Angleterre, vient d'y contracter un mariage aussi convenable que brillant avec lord Exwellsey, membre du parlement. Elle a voulu que ce fût par moi que sa meilleure amie apprît cette nouvelle.

LUCILE. En effet, j'en éprouve un véritable plaisir... Cette chère Élisabeth est mariée?

DILLON. Qui, madame, et selon tous les vœux de son cœur. C'est du moins un adoucissement à mes maux que de voir cette sœur qui m'est si chère goûter un bonheur que je ne connaîtrai jamais.

LUCILE. Et pourquoi donc, monsieur Dillon?

DILLON. C'est vous qui me le demandez, Lucile? vous dont les charmes, les vertus, dont le caractère noble, élevé, mélange indéfinissable de grâce, de douceur... et d'insensibilité, ont fait naître dans mon cœur un amour qui ne s'éteindra qu'avec ma vie?

LUCILE, *avec douceur.* Monsieur Dillon, j'excuse votre sœur, que je chéris autant que vous l'aimez, de vous avoir fait manquer à une partie de votre promesse; mais votre honneur et le mien vous commandent de ne plus parler d'un amour que je ne puis partager.

DILLON. Oh! pardon, pardon, madame!... Obsédé d'un triste pressentiment, j'ai voulu vous revoir avant qu'une lutte terrible, engagée avec mes ennemis...

LUCILE. Vous, des ennemis?

DILLON. Chargé du commandement d'un corps d'armée en Champagne, j'ai battu les Prussiens, et pour reconnaître ce service, la Convention nationale m'a intimé l'ordre de venir à Paris rendre compte de ma conduite. J'ai déjà vu quelques amis de ces fiers despotes de la France, et je prévois qu'ils n'auront guère de considération pour un général qui a servi loyalement, puisqu'ils n'en ont point pour leurs collègues, et que les noms de Danton, de Camille Desmoulins, unis à celui de Dumouriez, paraissent déjà voués à la proscription.

LUCILE. Ciel! que dites-vous?

DILLON. La vérité.

LUCILE. Camille! républicain si franc et si pur!

DILLON. Oui, je sais qu'il les porte au fond du cœur, ces maximes exaltées qui vous ont unis l'un et l'autre, comme sont aussi gravés d'une manière ineffaçable dans mon âme le respect et l'amour de la royauté. C'est peut-être à ces principes que j'ai dû votre froideur pour moi. Ah! s'ils m'ont donné la force de supporter le malheur de n'avoir pu vous plaire, ils me donneront encore le courage de braver la mort que me préparent nos tyrans.

SCÈNE III.

LES MÊMES, DOMINIQUE.

DOMINIQUE. Madame, ce membre de la Convention qui est venu quelquefois ici et que M. Camille Desmoulins appelle, je crois, le Capucin, désire vous parler; il est là, et dit qu'il a quelque chose de très-important à vous communiquer.

LUCILE, *à part*. Chabot!

DILLON. Je me retire.

LUCILE. Non, non... Camille ne peut tarder à rentrer, je veux qu'il vous voie, je veux que vous vous expliquiez... Entrez au salon, quelques minutes seulement, je suis à vous. (*Il sort.*)

DOMINIQUE. Le citoyen Chabot! (*Il se retire.*)

SCÈNE IV.

CHABOT, LUCILE.

CHABOT. Salut et fraternité, charmante Lucile.

LUCILE. Je te salue, citoyen député.

CHABOT. Oui, c'est ma qualité; mais je ne viens point comme ambassadeur de la Convention près de toi, et la dignité froide que tu me montres est en contradiction avec les charmes de ta personne. Voudrais-tu ressembler à la déesse de la Raison, à la nouvelle divinité que j'ai fait décréter et dont on va célébrer les fêtes à Notre-Dame?

LUCILE. Tu es venu sans doute pour parler au citoyen Camille Desmoulins? Il est sorti.

CHABOT. Je le sais.

LUCILE, *fausse sortie*. Permets donc...

CHABOT. Écoute-moi. Je vois que la déesse de la raison s'effraie d'entendre parler le langage de l'amour, eh bien, je vais parler celui du législateur. Dans une république, les femmes comme toi sont faites pour le comprendre. Nous allons faire passer à la Convention une loi que réclame la société régénérée, une loi indispensable pour favoriser le divorce. Que penses-tu de cela?

LUCILE. Qu'une telle loi ne peut être décrétée que par des législateurs sans conscience, sans pudeur, et qu'elle est faite pour déconsidérer tous ceux qui la voteront.

CHABOT. Oh! c'est prendre la chose beaucoup trop au sérieux. Les tyrans qui nous ont précédés nous ont assez accablés de lois oppressives; il est temps d'en créer de plus douces pour le bonheur de l'humanité. C'est de la philanthropie, ou je ne m'y connais pas.

LUCILE, *à part*. Quelle immoralité révoltante!

CHABOT. Mais il ne s'agit pas seulement de proposer des lois agréables, il faut que ceux qui les font en soient récompensés; et puisque eux seuls ont le droit de voter ces récompenses, ils auraient tort de ne pas user de ce droit. Écoute, j'ai en toi une confiance entière, et je suis si convaincu de ta supériorité sur toutes les autres femmes, que je veux te demander un conseil; la chose, d'ailleurs, t'intéresse beaucoup toi-même.

LUCILE. Parle.

CHABOT. Fabre d'Églantine, Bazire et moi avons été chargés par la Convention de faire rentrer huit millions que la compagnie des Indes devait au trésor public. Cette pauvre compagnie qui ne pouvait se liquider de suite, nous a priés d'accepter chacun cinq cent mille francs pour ajourner le payement.

LUCILE. Eh mais, n'est-ce point par un décret que vous avez été chargés spécialement de cette importante mission?

CHABOT. Sans doute... il a fallu même arranger ce diable de décret par... une petite modification.

LUCILE. O ciel! le falsifier peut-être.

CHABOT. Oh! presque rien, une légère altération dans la date... Cela ne s'apercevra pas... Nos chers confrères sont tellement occupés d'ailleurs de leurs inextricables affaires des quatorze armées qu'ils ont sur les bras... Au reste, que ne ferait-on pas pour plaire à une femme qu'on idolâtre? et je me suis dit: en déposant à ses pieds cinq cent mille francs, en réformant pour elle la législation sur le mariage, en lui offrant ma main et mon cœur, j'attendrirai sans doute la belle Lucile.

SCÈNE V.

LUCILE, CHABOT, CAMILLE, *qui a paru sur les dernières phrases dites par Chabot.*

LUCILE. Est-ce bien à moi que ce discours s'adresse? à la femme de Camille Desmoulins?

CHABOT. Oui, à toi, que j'aime au delà de toute expression! (*Camille Desmoulins fait quelque bruit, comme s'il rentrait à l'instant.*)

LUCILE. Ah! te voilà, mon ami! qu'il me tardait de te revoir!

CAMILLE. Laisse-nous, ma bonne amie; j'ai à m'entretenir avec Chabot.

CHABOT, *à part*. Aurait-il entendu?...

CAMILLE. Laisse-nous un moment seuls, je t'en prie.

LUCILE. Mais...

CAMILLE. Je te rejoins à l'instant. (*Elle se retire.*)

SCÈNE VI.

CAMILLE, CHABOT.

CHABOT. Sais-tu bien qu'avec ta tête chaude de franc Picard, tu t'exposes chaque jour davantage. Comment ! parler sans cesse dans ton journal de douceur, de clémence, quand la république est menacée sur tous les points ! On parle de *modérantisme*, et l'amitié que j'ai pour toi...

CAMILLE. Je viens de voir Fabre d'Églantine.

CHABOT. Eh bien, t'a-t-il prévenu des dangers que tu cours ?

CAMILLE. Sais-tu que sa comédie du *Philinte de Molière* est un chef-d'œuvre ?...

CHABOT. Quel rapport cette comédie a-t-elle ?...

CAMILLE. Le voici : Je veux, ainsi qu'il a fait la suite du *Misanthrope*, faire celle du *Tartufe*.

CHABOT. Au diable soit la littérature ! Il est bien question de faire des comédies maintenant que la tragédie court les rues !

CAMILLE. N'importe, je n'en persiste pas moins à peindre, à flétrir un hypocrite.

CHABOT. Des hypocrites ? De notre temps il n'y en a plus.

CAMILLE. Je compte pourtant sur toi pour en démasquer un et le punir.

CHABOT. C'est donc un tartufe politique ?

CAMILLE. Précisément ; il réunit ce vice à celui d'être le plus immoral de tous les hommes.

CHABOT. Où diable trouver un aussi aimable personnage ?

CAMILLE. Je n'irai pas le chercher bien loin, car il est devant mes yeux.

CHABOT. Quelle est cette mauvaise plaisanterie, Camille ?

CAMILLE. Cette plaisanterie consiste à faire connaître à tout Paris un capucin défroqué qui ose poursuivre de son insolent amour une femme vertueuse.

CHABOT. Est-ce à moi que s'adressent ces paroles ?

CAMILLE. Oui !

CHABOT. Quoi ! lorsque je venais pour t'associer à une opération de finances dont le résultat superbe...

CAMILLE. Assez !... Le Luxembourg est à deux pas ; nous allons le traverser, et là, le sort décidera lequel de nous deux doit brûler la cervelle à l'autre.

CHABOT. Eh quoi ! pour une bagatelle ?

CAMILLE. Oserais-tu refuser la juste satisfaction que te demande un homme d'honneur outragé dans ce qu'il a de plus cher ?

CHABOT. Oui, sans doute, lorsque aussi aveugle qu'emporté...

CAMILLE. Eh bien donc, choisis... ou de sortir par cette fenêtre, ou d'être accompagné jusqu'au bas de l'escalier de cette manière (*Il prend une canne*)

CHABOT. N'approche pas, ou par cette légitime défense je saurai bien t'arrêter (*Il tire un pistolet de sa poche.*)

CAMILLE. Lâche ! Penses-tu m'intimider ? (*Il s'avance sur lui la canne levée. Chabot décharge son pistolet sur Camille et le manque. Aussitôt paraissent Lucile et Dillon.*)

SCÈNE VII.

LES MÊMES, LUCILE, DILLON.

CAMILLE, *ayant saisi un pistolet sur son bureau. Mal visé :* C'est tirer le pistolet comme un capucin. Je suis en droit d'user de représailles ; mais tu n'es pas digne de mourir de la main d'un honnête homme. Sors, misérable, et songe à ne jamais te représenter ici. (*Il jette le pistolet sur son bureau.*)

CHABOT, *à part.* Dillon chez Camille... Partie remise... (*Il sort.*)

SCÈNE VIII.

LUCILE, CAMILLE, DILLON.

CAMILLE. Le général Dillon chez moi ?

DILLON. Rien de plus simple. Dénoncé à la Convention et mandé par elle pour rendre compte du corps d'armée qu'on m'a confié, j'arrive ce matin à Paris et j'apprends que votre voix seule s'est fait entendre en ma faveur à la tribune nationale... J'étais venu vous en remercier.

CAMILLE. Je n'ai fait que mon devoir.

DILLON. Noble cœur !... Ah ! Camille, que ne m'est-il donné de vous convertir à la sainte cause que je sers et que vous seriez si digne de comprendre.

CAMILLE. Quelle cause ?

DILLON. Celle d'un enfant auguste et malheureux qui languit captif au Temple, et sur qui l'on exerce une tyrannie révoltante.

CAMILLE. Général !...

DILLON. De cet enfant qui ne peut être responsable des erreurs d'une cour aveugle ; de cet enfant que nous pourrions arracher aux tortures qu'on lui fait subir, pour le placer sur le trône de ses pères on l'appellent... ses droits et sa puissance.

CAMILLE. Général Arthur Dillon, il faut que vous comptiez beaucoup sur les droits de l'hospitalité pour oser me tenir un pareil langage. Oubliez-vous que Camille Desmoulins est député à la Convention nationale? qu'il a juré haine à la ... au despotisme?...

DILLON. Je sais que Camille Desmoulins est sensible... qu'il gémit des maux affreux qui pèsent sur sa patrie; que sa plume éloquente cherche, mais en vain, à réveiller l'humanité dans les cœurs de bronze qui, tourmentés du vertige de la destruction, s'apprêtent à le sacrifier lui-même à leur pouvoir d'un moment. Chaque jour le voit se renouveler ce cruel spectacle... de l'anarchie se balance sur... et c'est... qui sera le plus prompt à la faire tomber.

CAMILLE. Eh! qu'importe? Ce moyen de sortir de la vie est aussi beau maintenant que celui de mourir sur un champ de bataille, il s'en ouvre chaque jour.

LUCILE. Ah! mon ami, quel mélange de terreur et d'admiration tu fais naître dans mon cœur, et combien je suis fière de t'appartenir!

DILLON. J'avoue que des hommes animés de pareils sentiments peuvent accomplir les plus grandes choses; mais, monsieur, il est aussi des royalistes intrépides et dévoués, capables de surmonter tous les obstacles.

CAMILLE. Ce n'est point ici qu'ils devraient s'en vanter.

DILLON. Eh quoi! faut-il que je perde l'espoir de vous conquérir à la plus juste des causes? Tous les rois de l'Europe ont juré de la soutenir.

CAMILLE. Nous les avons déjà repoussés sur tous les points, et vous-même y avez heureusement contribué.

DILLON. Sans doute, il est beau de combattre pour la gloire de la France, cependant on est forcé de reconnaître que les Autrichiens usant de douceur...

CAMILLE. Oui! l'aîné de mes frères est tombé sous leurs coups au siège de Maestricht.

DILLON. Les Vendéens révoltés...

CAMILLE. Mon frère le jeune marche contre eux et les combat en ce moment.

DILLON. Ils ... ... relever le trône.

CAMILLE. Ils subiront la république, et, s'il le faut... que mon sang arrose et vivifie l'arbre sacré de la liberté.

DILLON. La liberté! Mais elle s'est réfugiée dans les camps, et nous, soldats, nous seuls savons la servir. Ah! Camille Desmoulins,

je vous estime et vous plains d'un ... inutile.

CAMILLE. Ce sont ceux qui placent la patrie à la suite d'un roi qu'il faut plaindre; mais ils se courberont sous la volonté de ... des représentants d'une nation grande, forte et généreuse.

DILLON. Pour moi, je ne viens point, victime obéissante, suivre à l'échafaud Custine et le brave duc de Biron. Accompagné d'officiers, d'amis, de soldats dévoués, ... si ma perte est jurée d'avance par ces hommes implacables, renverser leur puissance éphémère, redoutée seulement des âmes pusillanimes, et reconstituer un pouvoir qui ne relève que de Dieu seul... la République. Un homme...

CAMILLE. Je vous répète, général Dillon, que je suis du nombre de ces hommes que vous bravez avec aussi peu de justice que de prudence; et que ce n'était point de telles opinions que je prétendais justifier, lorsque je prie votre défense à la Convention nationale, c'est vous dire assez qu'un pareil entretien est peu convenable entre nous.

DILLON. Avec dignité. Adieu donc, monsieur.

CAMILLE. Recevez mes salutations, général.

DILLON. Madame, agréez mes humbles respects. (Il sort.)

SCÈNE IX.

LUCILE, CAMILLE DESMOULINS.

CAMILLE. Je l'ai blessé; mais la hardiesse de ses opinions se manifeste aussi avec trop d'imprudence; et cependant on ne peut refuser ton estime à cette franchise, à cette audace chevaleresque.

LUCILE. Ah! mon ami, cette franchise le perdra.

CAMILLE. pensif. Cette ... profonde qui caractérise... Lucile, ... Agitée d'une vague inquiétude, j'avais porté mes ... yeux ... tribunal dont l'activité dévorante pèse sur toutes les opinions. J'en vois sortir Barnave, qu'on venait de condamner; en m'apercevant, il me dit avec un accent qui a brisé mon cœur: «Camille, tu ne peux m'en vouloir; nous ... savons si dès le commencement... la même cause; je fais des vœux ... pour que tu ne sois pas victime aussi... à moi.» Puis, les yeux levés vers le ciel et frappant la terre du pied, il ajoute: «Le-

» chafaud ! voilà donc le prix de tout ce que
» j'ai fait pour la liberté ! l'échafaud ! »

LUCILE. Eh quoi! l'éloquent Barnave aussi!

CAMILLE. En ce moment, il a vécu, sans
doute... Mais que vient nous annoncer Hérault de Séchelles?

SCENE X.

LES MÊMES, HÉRAULT DE SÉCHELLES.

HÉRAULT. Ah! mon ami, l'orage gronde
sur nous. Un juré du tribunal révolutionnaire
a dénoncé ton journal à la société des Jacobins comme provoquant le renversement de
la République. Un homme injustement prévenu d'émigration me fait supplier d'aller le
voir dans sa prison ; j'y vais, et, pour ce seul
fait, je suis accusé d'entretenir des relations
avec les émigrés. Ah! Camille, nos pleurs,
tes regrets déchirants en voyant périr les
Girondins étaient-ils le présage du sort qui
nous attend? Oui, tu l'as dit : Les dieux, les
dieux cruels ont soif!

CAMILLE. Et Danton, que fait-il?

HÉRAULT. Je ne sais.

SCÈNE XI.

LES MÊMES, WESTERMANN.

WESTERMANN. God ferdom ! ténoncé à la
société des Chacopins, moi, et comme ein
conspirater royaliste, moi !

CAMILLE. Eh quoi! le brave Westermann
aussi?

WESTERMANN. Comme tu fois, mon cher
Témoulins. J'arrife té la Fendée, où ton
paufre frère le cheune il est tompé dans les
mains des prêtres et des paysans répelles.

CAMILLE. Dieu !... mort? Les monstres !

WESTERMANN. Il foulait, ce paufre cheune
homme, apattre l'hytre de la coyauté et ti fanatisme, et, plis héré qué moi, il a succompé
gloriésment tans cette nople prochet.

HÉRAUT. Mais enfin, Westermann, que te
reproche-t-on?

WESTERMANN. Qué sais-che! Ils parlent
tus t'un appé nommé d'Espagnac, qui a tila-
pité l'archant de la Répiblique. Che puis
churer que chamais je n'ai vu cet appé... pas
plis qué l'archant de la Répiblique; moi qui
ai, d'ailleurs, apporté à la parre de la Convention les tépouilles de marquisses et d'éfèques;
moi qui ai prûlé les châteaux des repelles
Lescure et des autres prigands fendéens du

même calipre, je fous témante si je me ferais
conspirater afec in appé? C'est ein peu fort?

CAMILLE. Qu'importe à nos ennemis! Les
accusations les plus absurdes comme les plus
invraisemblables leur suffisent.

SCÈNE XII.

LES MÊMES, PHILIPPEAUX.

PHILIPPEAUX. Ah! mes amis, nous sommes
tous perdus !

TOUS. Que dis-tu?

PHILIPPEAUX. La vérité. Ma philippique
sur la Vendée, ton journal, Camille! voilà,
voilà notre crime. Ces écrits brûlent ceux qui
les touchent, et chacun redoute d'être arrêté
comme suspect d'avoir lu !...

CAMILLE. Les lâches!... Et Danton, Danton!

PHILIPPEAUX. Danton semble ne vouloir
plus s'occuper de rien.

HÉRAULT. Il ne sait donc pas que la mort
s'occupe de lui?

WESTERMANN. Moi, Westermann, qui me
suis baiti aussi pien qué lorsqué je n'étais qué
simple hissard !

PHILIPPEAUX. Ah! te voilà, Alsacien obs-
tiné? Tu te serais mieux battu, sur mon âme,
si tu avais écouté, ainsi que les généraux qui
te secondaient dans la Vendée, mes justes
représentations, et nous ne serions point où
nous en sommes.

WESTERMANN. C'est toi pien plitôt afec tes
plans et tes afis déplacés...

PHILIPPEAUX. Tais-toi, général ignorant,
soldat stupide!

WESTERMANN. Mille tonnerres ! ..

CAMILLE. Eh quoi! mes amis, est-ce donc
le moment d'élever de pareilles prétentions
et de vous quereller? Ne devons-nous pas
plutôt nous réunir contre le danger qui nous
menace?

HÉRAULT. Oui, sans doute.

WESTERMANN. Pien dit.

PHILIPPEAUX. J'y consens.

CAMILLE. Mais que peut faire Danton en
ce moment fatal ?

HÉRAULT. Ah! le voici !

SCÈNE XIII.

LES MÊMES, DANTON.

DANTON, *avec sang-froid.* Eh bien, mes
amis !

CAMILLE, *allant à lui.* Tu sais?

DANTON. Oui.

CAMILLE. Que vas-tu faire ?

DANTON, *s'asseyant à droite.* Rien.

TOUS. Rien !

DANTON. Non.

PHILIPPEAUX. Quoi ! tu déserterais notre cause ?

DANTON. Je ne la déserte point, puisque je viens mourir avec vous.

HÉRAULT. Mais enfin...

DANTON. Je suis décidé : j'aime mieux être guillotiné que d'être guillotineur... Qu'ai-je à désirer sur la terre ? J'ai une femme que j'adore ; j'ai donné deux enfants mâles à la République ; j'ai fait des lois, des traités ; j'ai voulu le bonheur du peuple. Eh bien ! que chacun ait rempli sa tâche de même à trente-cinq ans, et les choses iront bien.

PHILIPPEAUX. Eh quoi ! tu laisseras Robespierre...

DANTON. Robespierre est encore le moins scélérat de la bande... Il veut régner... Il se trompe, il ne régnera pas.

PHILIPPEAUX. Il veut te perdre.

DANTON. Tant pis : j'ai fait mon devoir envers la patrie ; ce que je ferais de plus serait pour moi ; je ne serai jamais le chef d'une faction.

HÉRAULT. Ce ne serait pas l'être.

DANTON. Ce serait l'être que de défendre ma vie ; elle n'en vaut pas la peine ; l'humanité m'ennuie.

HÉRAULT. Les membres du Comité soutiennent Robespierre.

DANTON. Ils le dévoreront.

PHILIPPEAUX. Ils cherchent ta mort.

DANTON, *se levant avec colère.* Eh bien ! si jamais Saint-Just, si Robespierre !... Ils seront exécrés comme des tyrans ; on rasera la maison de Robespierre, on y sèmera du sel, on y plantera un poteau exécrable à la vengeance du crime. (*S'attendrissant par degrés.*) Mais... on dira de nous, Camille, que nous avons été bons pères, bons citoyens, époux, amis fidèles ; ils ne nous oublieront pas...

PHILIPPEAUX. Mais ceux qui sont partis, au moins...

DANTON. Sont des infâmes... (*Tournant sa bouche et relevant sa lèvre balafrée avec dédain et colère.*) Partir ! est-ce qu'on emporte sa patrie à la semelle de son soulier ?

Non ! je reste. Si ma tête doit tomber... l'exécuteur la montrera au peuple ; elle en vaut la peine, car c'est de là (*se frappant le front*) que, comme Minerve du front de Jupiter, la révolution est sortie toute armée. (*Lucile se lève vivement.*)

LUCILE. Eh quoi ! une indigne terreur vous frappe tous ! L'éloquent Hérault de Séchelles, le formidable Danton, si puissant par sa parole, Westermann, qui s'élance avec intrépidité sur les baïonnettes ennemies, sont frappés de découragement et de stupeur ! Si la révolution vous dévore tous, ainsi que vous l'a si bien prédit Vergniaud, devez-vous vous pousser l'un l'autre dans le gouffre ? Crois-moi, mon Camille, tu as trop longtemps écouté les conseils de ces amis ; ne suis plus que les inspirations de ton âme vraiment républicaine. Rappelle-toi ce jour où tu provoquas la chute de la Bastille ; ce fut l'aurore de la liberté. Ne pense, n'agis donc que pour elle, pour ton pays, et, s'il te méconnaît, ta femme, ta Lucile te consolera, te soutiendra, et saura mourir avec toi s'il le faut.

DANTON. Tes accents ont retenti dans cette âme engourdie, jeune femme. En effet, est-ce donc au lion à succomber sous la fureur du tigre ? Et, parce qu'il dort, se confiant dans sa force, on le croit abattu !... Eh bien ! le lion se réveille ; ils vont l'entendre rugir. Viens, Camille ; venez, mes amis. La tempête se prépare ! elle gronde ! faisons-la taire ! Allons aux Jacobins. Cette voix tonnante peut encore dominer les orages, réduire au silence nos infâmes accusateurs et les écraser.

CAMILLE. Oui, Danton, je te suis ; je soufflerai sur Robespierre ; son orgueil intraitable m'est connu depuis longtemps ; je renverserai son échafaudage de gloire et de postérité !

PHILIPPEAUX. Je peindrai les fureurs de son infâme agent dans la Vendée !

HÉRAULT. Je flétrirai son odieuse police !

WESTERMANN, *montrant son sabre.* Voilà mes arguments !

DANTON. Nous n'en sommes pas encore à l'éloquence du sabre, Westermann ; viens avec nous, et tu verras que la parole a autant de puissance que les baïonnettes.

LUCILE. O Camille ! du combat que tu vas livrer avec tes amis dépendent ta vie, la mienne et celle de ton fils, de notre cher Horace. (*Elle montre le cabinet où est le berceau de son fils.*)

CAMILLE. Allons, mes amis !

TOUS. Allons ! Aux Jacobins ! (*Ils sortent tous vivement.*)

ACTE TROISIÈME.

Même décor.

SCÈNE PREMIÈRE.

DOMINIQUE, *puis* MARIE.

DOMINIQUE, *regardant par une porte en-tr'ouverte.* Elle dort, ne faisons pas de bruit. (*Revenant sur le devant.*) Mon Dieu! mon Dieu! quel événement!

MARIE, *accourant.* Monsieur Dominique! monsieur Dominique!

DOMINIQUE. Ah! c'est toi, petite?

MARIE. Qu'est-ce que je viens d'appren-dre... que M. Camille et ses amis ont été dé-noncés aux Jacobins par le citoyen Chabot?

DOMINIQUE. Décrétés d'accusation!... Ils ont été arrêtés en sortant du club; madame était là... juge de son désespoir! On l'a rap-portée sans connaissance, et depuis ça n'a fait qu'augmenter... la fièvre, le délire, c'é-tait effrayant à voir. Cependant elle a fini par s'endormir... et M. Cabanis qui sort d'ici a bien recommandé d'éviter surtout de lui rap-peler son mal.

MARIE. Pauvre femme!

SCÈNE II.

LES MÊMES, BÉRARDIER.

MARIE, *allant à lui.* Dites-nous, monsieur l'abbé, vous qui venez du dehors...

BÉRARDIER. La plus grande agitation règne dans Paris... Une émeute a éclaté, le peuple soulevé par le général Dillon s'est porté sur les Jacobins, et à la faveur du tumulte, plu-sieurs des accusés sont parvenus à s'évader.

DOMINIQUE. Il est donc encore quelque espoir!... (*On entend sonner.*) Madame qui sonne!

MARIE. J'y vais! (*Elle sort.*)

DOMINIQUE, *allant ouvrir la porte du fond.* Le général Dillon!

BÉRARDIER. Dillon!

SCÈNE III.

LES MÊMES, DILLON, *en costume bourgeois.*

BÉRARDIER. Eh bien!

DILLON. Nous avions forcé toute résistance, quand soudain accourut Henriot à la tête d'un détachement... Les groupes se disper-sent, et les prisonniers abandonnés ne tar-dent pas à retomber au pouvoir des soldats qui les enveloppent.

BÉRARDIER. Et Camille?

DILLON. Sauvé! Sa vie était la mienne, et j'ai su la protéger...

BÉRARDIER. Sa retraite?

DILLON. La maison d'un de mes amis, où il sera en sûreté jusqu'à ce soir, et ce soir il partira.

BÉRARDIER. Mais comment sortir de Pa-ris?...

DILLON. A la faveur d'un déguisement.

BÉRARDIER. Où aller?

DILLON. En pays étranger. Sa femme ira le rejoindre avec son fils.

BÉRARDIER. Et ne pouvoir lui annoncer tant de bonheur!

DILLON. Que dites-vous?

BÉRARDIER. En ce moment son état est tel que la moindre secousse lui serait fa-tale.

DILLON. Lucile, Lucile en danger!

BÉRARDIER. La guérison sera prompte dès que la cause du mal n'existera plus... Hâ-tons-nous donc de mettre fin à son malheur, et ne songeons qu'au salut de Camille.

DILLON. Oui, oui, vous avez raison... Et d'abord ayez soin que deux chevaux sellés se trouvent ce soir à huit heures à la bar-rière du Maine, un pour lui, l'autre pour son guide.

DOMINIQUE. Je m'en charge et je cours...

BÉRARDIER. Tiens, prends cet or, tu en auras besoin.

DILLON. Ah! j'oubliais...

BÉRARDIER, *vivement.* Dominique!

DILLON. Non, non, j'ai changé d'idée... le reste me regarde.

DOMINIQUE, *avec transport.* Mon maître! mon bon maître! (*Il sort en refermant soi-gneusement la porte.*)

SCÈNE IV.

BÉRARDIER, DILLON.

BÉRARDIER. Ah ! monsieur le comte, quelle noble conduite !

DILLON. Epargnez-moi les éloges, monsieur ; qu'ai-je donc fait de si héroïque ? J'ai exposé ma vie, mais vingt fois je l'avais fait avant et dans des circonstances moins graves... J'ai juré à Lucile de lui conserver son époux... et je tiendrai mon serment.

BÉRARDIER. Avec quels transports de joie et de reconnaissance ne vous nommeront-ils pas leur ami, leur bienfaiteur ! et lorsque, réunis sur la terre étrangère avec vous...

DILLON. Oh ! jamais, monsieur, jamais je ne quitterai la France !

BÉRARDIER. Qu'entends-je ?

DILLON. Pourquoi vous en étonner ? Vous non plus vous n'avez pas voulu la quitter.

BÉRARDIER. C'est que moi je suis vieux, et qu'il m'est permis de marquer d'avance la place de ma tombe, tandis que vous devant qui s'ouvre une longue carrière...

DILLON. Non, non.... apprenez qu'un grand coup sera frappé... depuis longtemps nous sapons sourdement l'édifice, la mine est préparée, et j'y mettrai le feu. Avant huit jours l'explosion.

BÉRARDIER. Avant huit jours !

DILLON. Aujourd'hui même peut-être.

UN DOMESTIQUE annonçant. Le citoyen Fouquier-Tinville.

BÉRARDIER. Fouquier-Tinville !

DILLON. L'accusateur public !

SCÈNE V.

LES MÊMES, FOUQUIER.

FOUQUIER. Bonjour, citoyen Bérardier, car si je ne me trompe, c'est au précepteur de Camille Desmoulins que je parle ?

BÉRARDIER. Bonjour, citoyen accusateur. (A part). Je tremble.

FOUQUIER, à part, Dillon !

DILLON, à part. Serais-je découvert ?

FOUQUIER, à part. Ne nous trahissons pas.

BÉRARDIER. Pourrais-je savoir quel motif vous amène ?

FOUQUIER. Un motif important et que je ne puis confier qu'à toi. Quel est cet étranger ?

BÉRARDIER. Un homme sûr et dont je réponds ; cependant, si vous le souhaitez, il va s'éloigner... (Dillon, se lève vivement.)

FOUQUIER, l'arrêtant, Non, non, demeure. (A Bérardier). Du moment que tu m'en réponds.

BÉRARDIER. Comme de moi-même.

FOUQUIER. La tâche rigoureuse que m'impose ma charge va commencer ; mais il en est une autre bien douce à remplir, et celle-là je m'en acquitterai avec empressement, avec bonheur : je viens dans l'intérêt de Camille.

BÉRARDIER. Que dites-vous ?

DILLON, à part. C'est un piège !

FOUQUIER. Mes amis, ne voyez plus en moi le magistrat inexorable ; mais le confident, l'interprète de Robespierre, car c'est lui qui m'envoie ; Maximilien gémit au fond du cœur sur l'ami qu'il craint de perdre.

BÉRARDIER. Maximilien aurait donné quelques larmes aux infortunes de son frère, de son camarade d'enfance ?

FOUQUIER. Il a fait plus, il a résolu de ne pas laisser échapper l'occasion qui se présente de concilier ses affections avec son devoir ; je vous le répète, je viens prendre avec vous des mesures définitives pour le salut de Camille.

BÉRARDIER. Il serait vrai !

FOUQUIER. Sans trahir la cause de la République, il est facile de favoriser son évasion.

BÉRARDIER. Et vous consentiriez ?...

FOUQUIER. Le temps presse.... Hâtons-nous donc de nous concerter ; et d'abord apprenez-moi le lieu de sa retraite.

DILLON, Quelle imprudence ! (Il frappe violemment du pied.)

BÉRARDIER. Oh ! le reptile !

FOUQUIER. Eh bien, citoyen ?

BÉRARDIER. La démarche que vous avez faite mérite toute notre admiration, toute notre reconnaissance : quant à moi, vous m'en voyez pénétré, mais trouvez bon que je n'en dise pas davantage.

DILLON. Camille Desmoulins se fera un véritable plaisir de rassurer Robespierre sur son compte dès qu'il sera hors de danger.

FOUQUIER, à part, Il m'échappe ! (Haut) Ainsi l'on refuse de s'expliquer ?

BÉRARDIER. L'honneur me le défend.

FOUQUIER. Et moi le salut de la République m'enjoint de vous intimer à l'instant l'ordre de livrer Camille Desmoulins, traître à la patrie et rebelle à la justice.

DILLON. À la bonne heure ; je te reconnais, Fouquier-Tinville !

FOUQUIER. Et moi aussi je te reconnais, Arthur Dillon !

BÉRARDIER. Livrer Camille Desmoulins, mon ami, mon élève, mon fils ! Et vous n'avez pas craint de vous servir du nom de Robespierre pour déguiser vos infâmes projets?

FOUQUIER. Tu oublies que tu parles à l'accusateur public !

BÉRARDIER. Et pourquoi ne l'oublierais-je pas lorsque l'accusateur public lui-même se transforme en agent subalterne, en vil suppôt de police ? Si vous étiez sur votre siége, je vous respecterais ; vous êtes ici chez Camille Desmoulins, où vous vous êtes glissé comme un espion, et comme tel je ne vous dois que du mépris.

DILLON. Ah ! maître Fouquier, vous avez cru la victoire facile.

FOUQUIER, *grinçant des dents.* Arthur Dillon !

DILLON. Vite, appelle tes sicaires ! vite, qu'on nous saisisse, qu'on nous immole ! Mais non... tu es seul, car tu hésites. Tiens, sors d'ici, sors à l'instant.

FOUQUIER. Oui, je sors... Mais tremblez !... (*Il sort*).

SCÈNE VI.

DILLON , BÉRARDIER.

DILLON. Et voilà les hommes qui te gouvernent, ô France ! ô ma patrie !

BÉRARDIER. Au-dessus de ces hommes est Dieu, qui veille sur elle.

DILLON. Oui, Dieu et nous qui ne l'abandonnerons pas.

SCÈNE VII.

LES MÊMES , CAMILLE.

(*Il entre dans le plus grand désordre.*)

BÉRARDIER. Que vois-je ?

DILLON. Camille !...

CAMILLE, *refermant vivement la porte.* Silence ! silence ! mes amis ! (*Écoutant.*) Personne ! ils auront perdu ma trace.

DILLON. Qu'est-il donc passé ?

CAMILLE. Nous sommes trahis !

DILLON. Trahis !

BÉRARDIER. Au nom du ciel ! apprenez-nous...

CAMILLE, *à Dillon.* J'étais dans ma retraite accablé de fatigue ; tout à coup, j'entends parler dans la chambre voisine, j'écoute, et ne tarde pas à reconnaître la voix de mon hôte causant vivement avec un agent du comité de surveillance. L'infâme ! il promettait de me livrer. Oh ! alors, la fureur me possède, je m'élance : en vain il me dispute le passage, je le renverse et je franchis le seuil. Aussitôt, des cris, du tumulte : sans le désordre, sans la rapidité de ma fuite, sans la nuit qui commence, j'étais perdu.

BÉRARDIER. Et c'est ici, dans cette maison que vous croyez échapper à leurs poursuites?

CAMILLE. Et que m'importe ce que je deviendrai ! mais mon fils !..... mais ma femme !...

BÉRARDIER. Elle est là dans cette chambre!

CAMILLE. Je cours...

BÉRARDIER. Arrêtez... votre présence inattendue... le trouble... l'émotion...

CAMILLE. Oui, vous avez raison.... (*D'une voix sombre.*) Pas encore.

DILLON. Trahis !

BÉRARDIER, *à Camille.* Tout peut se réparer ; les préparatifs ont été faits pour votre évasion, monsieur le comte, vous partirez avec lui.

DILLON. Que je parte ?...

BÉRARDIER. Celui qui fut capable de livrer un proscrit n'a-t-il pu livrer vos secrets?

DILLON. Et je partirais parce que le danger éclate !.... et j'abandonnerais lâchement à Fouquier-Tinville tant d'hommes qui ont compté sur moi comme leur chef ! Non ! lorsqu'on est le premier à conspirer, on est aussi le premier à mourir ; je connais mes droits.

CAMILLE. Conspirer !...

DILLON. Ce que vous avez refusé de faire avec moi, je l'ai fait sans vous.

BÉRARDIER. Ah ! renoncez à vos projets, fuyez.

DILLON. Cet événement n'a fait que hâter ma résolution... Cette nuit même le coup sera frappé.

CAMILLE. Et vous espérez accomplir sans obstacles de pareils desseins ?

DILLON. Rien ne m'arrêtera.

CAMILLE. Détrompez-vous.... Quand je devrais, pour le salut de la République, porter ma tête aux bourreaux qui m'attendent...

DILLON. Eh ! bien, courez donc me dénoncer ! car je jure...

BÉRARDIER. Mes amis, mes bons amis! Eh! quoi! c'est vous qui parlez ainsi de la colère et de la haine!

CAMILLE. Oui, vous avez raison... Votre main, Dillon; ce sera la seule fois dans ma vie que mes vœux ne seront point d'accord avec les vôtres.

DILLON. Vous aimez la république, et moi je la déteste... à chacun sa pensée et ses actions, mais entre nous amitié éternelle. Adieu, Camille.

CAMILLE. Adieu.

DILLON. Adieu!

SCÈNE VIII.

CAMILLE, BÉRARDIER.

CAMILLE. Voilà donc ma récompense; à moi la première voix de la révolution... l'échafaud!

BÉRARDIER. Calmez-vous, l'espérance vous reste...

CAMILLE. L'espérance! eh! mon ami, c'est elle qui me tue. Des secousses, des terreurs continuelles, et l'âme ne serait point brisée! et dans son désespoir on ne regretterait point le poignard de Valazé!

BÉRARDIER. Qu'osez-vous dire?

CAMILLE. Lui, du moins, il mourut en présence des juges assassins qui l'avaient condamné! son sang rejaillit jusqu'à eux, et s'il souffrit ce ne fut qu'un instant.

BÉRARDIER. Lorsqu'une pareille résolution vous vint, vous ignoriez les moyens de salut qui vous sont offerts.

CAMILLE. Et quels sont-ils donc? une fuite hasardée, des craintes, des alarmes de chaque moment! bâletant, pâle, moitié mort, se traîner dans la campagne; devant soi, point de but marqué; derrière soi, le galop des chevaux qui vous poursuivent; et puis, si l'on est pressé, on se brûle la cervelle, comme le ministre Roland, sur un grand chemin; le beau résultat! Non, je vous le répète, je rentrerai dans les cachots, et je n'en sortirai que pour marcher à l'échafaud. Là, du moins, le peuple me verra mourir, et j'aurai compté parmi les martyrs de la liberté.

BÉRARDIER. Mais Lucile; mais votre fils dont vous parliez, et qui vous sont si chers tous deux!

CAMILLE, avec un sourire étrange. Quel serait leur sort après moi? la misère ou la pitié publique? ni l'une, ni l'autre.... Il est un refuge à tous les maux, c'est la tombe, et je la leur ouvrirai.

BÉRARDIER. Ah! quelles horribles paroles! Camille, votre raison s'égare.

CAMILLE. Au contraire, c'est ma raison qui m'éclaire et me guide... (Apercevant le pistolet qu'il a jeté sur la table au premier acte.) Eh! quoi, Robespierre, Fouquier-Tinville auraient le droit de disposer de la vie des citoyens, et moi je n'aurais pas le même droit sur ma femme, sur mon fils! Ils peuvent nous séparer, et moi je ne pourrais pas nous réunir!

BÉRARDIER. Ils ont le droit que donne le crime, et celui-là vous ne le réclamerez pas.

CAMILLE. Fût-ce un crime, je l'exécuterai!

BÉRARDIER. Grand Dieu!

CAMILLE. Eh! tenez, tenez, n'est-ce pas le ciel qui le veut?... Cette arme qu'il met sous ma main...

BÉRARDIER. Arrêtez!...

SCÈNE IX.

LES MÊMES, DOMINIQUE.

DOMINIQUE, entrant dans le plus grand désordre. Des soldats dans la rue!... tout est perdu!...

BÉRARDIER. Des soldats, dis-tu?...

CAMILLE. Déjà! (A Bérardier.) Eh bien! avais-je tort de repousser toute espérance et d'en appeler à la mort?... Oui, la mort pour Lucile, la mort pour mon fils, et je les rejoins bientôt!

BÉRARDIER. Camille! Camille! ah! je me traîne à vos genoux! songez que sur le point de mourir on a encore des pensées, et que ces pensées-là seraient affreuses pour vous!

CAMILLE, avec délire s'élançant vers le berceau. La mort! (Il va pour s'élancer dans la chambre dont il pousse brusquement la porte, mais il s'arrête tout à coup comme frappé de stupeur.) Lucile! mon fils! ah! j'étais un monstre... (A Bérardier et à Dominique.) Pardon! pardon! mes amis... La voici... qu'elle ignore tout, oui, tout, jusqu'au nouveau malheur qui me menace; une fois encore, qu'elle puisse du moins se croire heureuse.

SCÈNE X.

LES MÊMES, LUCILE.

LUCILE, entrant. Ce bruit!... cette voix!...

CAMILLE. Lucile!

LUCILE, courant à Camille. Camille!..

2

ah! je te revois donc!... Mais n'est-ce point une illusion?... suis-je bien éveillée?... est-ce bien à toi que je parle, mon Camille?...

BÉRARDIER, *bas à Dominique.* N'entends-tu rien?

DOMINIQUE, *écoutant.* Non... rien encore.

LUCILE. Mais comment te trouves-tu ici? par quel hasard!...

CAMILLE. Est-ce à toi de le demander, toi qui étais à la porte des Jacobins, excitant le peuple, l'appelant à mon aide?...

LUCILE. Oui; j'étais au milieu du peuple, je priais, je suppliais; l'on criait: vive Camille! vive Danton! Le tambour a battu, j'ai vu briller des armes, j'ai voulu m'élancer avec la foule, et je suis tombée comme morte sur le pavé.

CAMILLE. Que tu as dû souffrir!

LUCILE. Je ne m'en souviens plus, et pourtant je ne sais quelle secrète terreur s'empare de moi. Si tu n'as dû ta délivrance qu'au tumulte passager d'une émeute, tes ennemis reviendront, et alors...

CAMILLE. Oh! rassure-toi!...

LUCILE. Que faut-il que j'espère, que faut-il que je craigne? Ce silence... cette consternation!... (*A Bérardier.*) Mon père!... Ah! vous détournez les yeux!... (*A Camille.*) Au nom du ciel! parle, explique-toi; tiens, regarde, je suis forte, j'ai du courage.

CAMILLE, *avec agitation.* Que lui dire!...

LUCILE. Quelle agitation!... parle... parle donc!

CAMILLE. Écoute, Lucile, et tu comprendras tout... Au lieu de la mort, l'exil, la déportation... il faut que je parte...

LUCILE. Et c'est là le sujet de ton trouble, de ton émotion?

CAMILLE. Me séparer de toi!...

LUCILE. Oh! jamais!... En te proscrivant ils m'ont proscrite aussi... l'exil pour tous deux... Je cours chercher notre enfant, je reviens, et nous partons ensemble... Mes amis, vous nous accompagnerez, n'est-ce pas?

BÉRARDIER. Mon cœur est brisé!

CAMILLE. Quel nouveau contre-temps!... Lucile, un mot, un mot encore!

LUCILE. Non, non, je cours... (*Elle s'élance vers la chambre.*)

DOMINIQUE. Les soldats!... ils cernent la maison.

BÉRARDIER, *à Camille.* Vous êtes perdu!...

DOMINIQUE, *lui montrant la fenêtre.* Non, là, par cette fenêtre qui donne sur le jardin!

LUCILE. De quel droit oserait-on forcer une maison?

CAMILLE, *avec amertume.* En vertu de la loi qui autorise les visites domiciliaires, et qui est mon ouvrage à moi et à Danton. (*Violents coups à la porte.*)

UNE VOIX. Au nom de la loi, ouvrez!

CAMILLE, *avec fureur.* Eh bien, oui, j'ouvrirai! malheur au premier qui se présente!

LUCILE, *avec égarement.* Camille! Camille! tu me trompais! cet exil, c'est la mort: ils viennent te chercher, t'arracher de mes bras!...

CAMILLE. Dans la fureur qui me transporte...

LUCILE. O mon Camille! pense à ton fils, à ta Lucile!...

CAMILLE. Oui, tu as raison, ils me tueraient sous tes yeux. (*Allant voir.*) Entrez... (*Entre un agent suivi de quelques hommes armés.*)

L'AGENT. Le citoyen Camille Desmoulins?

CAMILLE, *avec dignité.* C'est moi.

L'AGENT. Je t'arrête.

CAMILLE. Je suis prêt... Adieu, Lucile, adieu, mes amis.

LUCILE. Ah! je te suivrai... je te suivrai partout, Camille!... je ne puis... (*Chancelant.*) Oh!... la force m'abandonne!... (*Elle tombe sans connaissance, Dominique la soutient et la fait asseoir à gauche. — Moment de silence.*)

CAMILLE, *regardant Lucile.* Infortunée!... (*Regardant vers le cabinet où est son fils.*) Pauvre enfant! tu es trop jeune pour regretter ton père!... (*A Bérardier.*) Qu'il retrouve sa mère près de lui à son réveil... C'est ici que je rêvai bien souvent la gloire et le bonheur!... Allons, n'y songeons plus... Embrassez-moi, mon vieil ami, et toi aussi, Dominique. (*S'approchant de Lucile et l'embrassant au front.*) Pour la dernière fois. (*Se plaçant au milieu des hommes armés.*) Marchons!

ACTE QUATRIEME.

Le tribunal révolutionnaire. Au fond, une large table placée sur une estrade élevée de quelques pieds; au bas de l'estrade, à quelque distance, est le banc des jurés; en face celui des accusés. Une balustrade indique l'enceinte réservée au peuple.

SCÈNE PREMIÈRE.

FOUQUIER — TINVILLE, puis ROBES-PIERRE, UN GREFFIER *assis au fond et travaillant.*

FOUQUIER, *sur le devant de la scène, lisant un papier qu'il tient.* « La Convention na- » tionale, après avoir entendu le rapport de » ses Comités de sûreté générale et de salut » public, décrète d'arrestation Camille Des- » moulins, Hérault, Danton, Philippeaux, » Lacroix, prévenus de complicité avec d'Or- » léans et Dumouriez, avec Fabre d'Eglan- » tine et les ennemis de la république; d'a- » voir trempé dans la conspiration tendant » à rétablir la monarchie, à détruire la re- » présentation nationale et le gouvernement » républicain. En conséquence, ordonne leur » mise en accusation. » (*Se retournant vers le Greffier.*) Toutes les pièces sont-elles prêtes?

LE GREFFIER. Toutes.

FOUQUIER. C'est bien... porte-les au pré-sident. (*Le Greffier sort. A part.*) Plus le moment approche et plus mon trouble aug-mente... Camille, Danton, Hérault de Sé-chelles!... Ah! quand j'y songe!

ROBESPIERRE, *qui est entré et qui s'est ap-proché lentement de Fouquier-Tinville, lui frappant sur l'épaule.* Eh bien! Fouquier-Tinville?

FOUQUIER, *se retournant brusquement.* Ah! c'est toi, Robespierre!

ROBESPIERRE. Où en sommes-nous?

FOUQUIER. Tu le sais; hier l'audition des témoins, aujourd'hui le prononcé.

ROBESPIERRE. Il ne faut pas que l'affaire traîne davantage; trois jours, c'est trop. La marche des tribunaux révolutionnaires ne ressemble en rien à celle des tribunaux ordi-naires; le délai pour punir les ennemis de la patrie ne doit être que le temps de les re-connaître et de les convaincre.

FOUQUIER. Oui, des ennemis obscurs, sans noms, ou d'une célébrité anti-populaire; mais des hommes que protègent les souve-nirs du 10 août, des hommes que la foule est habituée à respecter, à applaudir...

ROBESPIERRE. Personne n'osera se lever en leur faveur.

FOUQUIER. Il n'en fut pourtant pas ainsi lorsqu'ils se présentèrent aux Jacobins il y a quelques jours. Le plan qu'ils avaient, dit-on, concerté chez Camille Desmoulins, fut exé-cuté avec vigueur. As-tu donc oublié le tu-multe, les bravos éclatant de toutes parts? puis Danton s'élançant à la tribune, la faisant retentir de sa voix tonnante, dénonçant le Comité de salut public et le Comité de sur-veillance, comme méditant la ruine des bons patriotes, et finissant par s'écrier : « Citoyens, préparons-nous encore à sauver la patrie !...» Tu voulus prendre la parole, mais les applau-dissements étouffaient ta voix, et l'assemblée électrisée sortit emportant les factieux en triomphe.

ROBESPIERRE, *froidement.* Tout cela se passa le 10 germinal, et le 11, la Convention avait décrété leur mise en jugement. A vous le reste maintenant, que le tribunal fasse son devoir.

FOUQUIER. La séance d'aujourd'hui sera terrible.

ROBESPIERRE. La lutte est engagée, il faut qu'elle s'achève. Nous n'ignorons pas que nous aiguisons des poignards contre nous; mais, armés de notre conscience, nous ne faiblirons pas.

FOUQUIER. Ils parleront de tyrannie, ils demanderont vengeance contre de nouveaux Césars aux patriotes égarés; et parmi ceux-ci ne peut-il s'en trouver qui portent le couteau de Brutus sous leur habit?

ROBESPIERRE. Tu as peur.

FOUQUIER. Oui, pour toi.

ROBESPIERRE. Pour moi! Et qui donc t'effraye tant? Est-ce Chabot le capucin, digne rival de Gobel l'apostat? est-ce Bazire, La-croix, Hérault de Séchelles? est-ce Fabre d'Eglantine, qui croit conduire la révolution comme une intrigue de théâtre? est-ce cette foule d'hommes enfin qui, depuis le point de départ, nous ont abandonnés sur la route, parce qu'ils n'avaient point commencé le voyage pour arriver au même but? Ces hommes, le peuple les méprise et n'a point de pensée pour eux, car ils se réjouissaient avec les banquiers étrangers et soupaient à cent écus par tête, tandis que le peuple labourait la terre et fabriquait les souliers et les armes des soldats qui défendent ces poltrons indifférents. Qu'ils meurent ceux à qui il aurait fallu le bouleversement de la république pour leur procurer les oiseaux du Phase.

FOUQUIER. Mais Camille... mais Danton?

ROBESPIERRE, *avec mépris.* Danton!... (*Avec émotion.*) Camille!... Il fut mon ami; j'ai voulu le sauver; je l'ai prié, je l'ai conjuré de renoncer à son journal; mais l'orgueil l'a emporté, Camille a repoussé la main que je lui tendais, Camille a mis Danton entre lui et moi; Danton sera renversé et l'écrasera. (*On entend venir.*)

FOUQUIER. Le général Hanriot!

ROBESPIERRE. Hanriot?... je l'attendais.

SCÈNE II.

LES MÊMES, HANRIOT.

ROBESPIERRE. Eh bien! tu as reçu mon message?

HANRIOT. Oui, et j'ai aussitôt mis en campagne quelques-uns de mes braves, de ceux qui font la barbe aux aristocrates sans savon.

ROBESPIERRE. Le général Dillon est-il arrêté?

FOUQUIER. Le général Dillon!... On s'est donc décidé à prendre des mesures contre cet homme depuis longtemps impuni!

HANRIOT, *partant d'un éclat de rire.* Ah! ah! ah! Fouquier-Tinville qui trouve qu'on ne va pas assez vite!

ROBESPIERRE, *avec sévérité.* Hanriot!

HANRIOT, *à part.* Ah! diable!... Jupiter qui fronce le sourcil.

ROBESPIERRE. Le général Dillon?...

HANRIOT. Echappé!

ROBESPIERRE *et* FOUQUIER. Echappé!

HANRIOT. Ces gueux d'aristocrates, il n'y a vraiment de bonheur que pour eux maintenant.

ROBESPIERRE. Et tu es sûr?...

HANRIOT. Oh! impossible de mettre la main dessus... Le muscadin se sera évaporé du côté de Coblentz, où sont les autres.

ROBESPIERRE. Echappé!... Sais-tu bien que c'est un des plus dangereux ennemis que nous ayons? sais-tu de quelle importance était son arrestation? Tu en réponds sur ta tête.

HANRIOT. La tête d'un patriote à la place de celle d'un aristocrate! tu y gagneras. (*Bruit au dehors.*)

ROBESPIERRE, *vivement.* Que signifie...

FOUQUIER. Comme hier, la foule assiége la porte du tribunal.

ROBESPIERRE. Des cris, des menaces!

FOUQUIER. Que te disais-je, Robespierre?... (*Moment de silence.*) Je n'entends plus rien.

HANRIOT. Encore une bourrasque de passée! (*Robespierre, après avoir réfléchi, s'assied et écrit.*)

FOUQUIER, *allant vers lui.* Eh bien! que fais-tu donc là?

ROBESPIERRE. Je prends des mesures désormais indispensables... Je prévois l'audace, les cris des accusés... Je vais provoquer un décret de la Convention qui paralysera, je l'espère, leur popularité... Hanriot!

HANRIOT. Présent!

ROBESPIERRE, *lui remettant le billet cacheté.* Pour Saint-Just. Qu'il se rende en toute hâte à la Convention... Ah! qu'on mette aussi du monde sous les armes, qu'on double de surveillance.

HANRIOT. Allons, encore du mal pour moi, à cause de ces chiens d'aristocrates. Au reste, ça m'est égal; il faut que la révolution marche au pas de charge... et en avant! (*Il sort.*)

SCÈNE III.

ROBESPIERRE, FOUQUIER.

FOUQUIER. Tu partages enfin mes craintes, mes alarmes?

ROBESPIERRE, *se promenant avec agitation.* Ne se tiendront-ils jamais tranquilles, ces ennemis intérieurs, ces hommes qui cachent sous des haillons leur orgueil et leurs poignards!

FOUQUIER. Tous les cœurs ne sont pas changés, mais combien de visages sont masqués!

ROBESPIERRE. Je l'arracherai ce masque dont ils se couvrent... Mais d'où est sorti tout à coup cet essaim d'étrangers, de nobles, d'intrigants, qui s'est répandu sur la surface de la République pour organiser sa ruine? exécrable corruption digne du génie des cours liguées contre la liberté!

FOUQUIER. C'est une guerre à mort...

ROBESPIERRE, *l'arrêtant brusquement.* Oui, à mort! Ils veulent un mouvement?... eh bien! ils l'auront... Ils veulent du sang? ils auront celui de leurs complices... Viens, suis-moi ; il faut que je voie sur-le-champ Hermann et les juges.

SCÈNE IV.

LES MÊMES, LUCILE.

LUCILE. Arrêtez !

FOUQUIER. La citoyenne Desmoulins !

ROBESPIERRE, *à Fouquier*. Viens, te dis-je !

LUCILE, *insistant*. Vous m'écouterez !

ROBESPIERRE. Que veux-tu ?

LUCILE. Ce n'est pas à l'accusateur public que je parle ; la hache frappe et on ne lui demande pas compte du coup... Ce n'est pas non plus aux magistrats inflexibles... C'est à Robespierre et à Fouquier-Tinville, c'est à des républicains qui s'apprêtent à sacrifier d'autres républicains, leurs frères, leurs amis. Et que dira-t-on demain en les reconnaissant sur l'échafaud ?.. Allons, voyons, vous ne répondez pas ? On dira qu'il y a des ambitieux dans les républiques comme partout, et que pour toucher à la liberté il fallait monter sur les cadavres de Camille et de Danton.

FOUQUIER. L'heure nous presse, Robespierre, on nous attend.

ROBESPIERRE, *froidement*. Sortons. (*Ils sortent.*)

SCÈNE V.

LUCILE, *seule*.

Ils s'éloignent, et dans leurs regards j'ai lu l'arrêt de mon mari... Voilà donc le prix de son dévouement, de ses sacrifices... l'échafaud ! Et c'est au nom de la liberté ! Ah ! lorsque je la vis pour la première fois, je l'aimai ; chaque jour je la montrais à Camille, qui chaque jour la poursuivait avec plus d'ardeur... Et c'est devant un tribunal qu'elle l'a conduit !... un tribunal ! (*Elle reste immobile et comme frappée de stupeur.*)

SCÈNE VI.

LUCILE, DILLON, *déguisé en sans-culotte*, LE GREFFIER.

DILLON. Merci ! merci, citoyen greffier ; c'est tout de même bien honnête à toi de me faire entrer avant les autres, afin que je puisse mieux considérer la justice.

LUCILE, *sortant de sa rêverie*. Cette voix !... serait-ce une illusion ?

DILLON, *bas et vivement*. Silence, madame. (*Au Greffier qui n'a fait que traverser la scène en se dirigeant sur la porte de droite.*) Dis donc, magistrat, est-ce qu'on aura l'ennui d'attendre encore longtemps ?

LE GREFFIER. Le tribunal doit être déjà réuni dans la chambre du conseil.

DILLON. Bien obligé. (*Le Greffier sort.*)

LUCILE. Eh quoi, général, vous ici, sous ce costume ?

DILLON. Vous voyez un proscrit, madame... Afin de mieux échapper à ceux qui me poursuivent, j'ai voulu leur ressembler et me mêler à eux.

LUCILE. Oser pénétrer jusqu'en ce lieu !

DILLON. Et que n'aurais-je pas tenté pour vous voir, pour vous parler ?.. Il s'agit de votre mari, madame, il faut le sauver !

LUCILE. Le sauver !... Comment ?... par quels moyens ?

DILLON. Je m'en charge. Quant au reste, nous en conviendrons ensemble ; cette tâche accomplie, Lucile rendue au bonheur, à son époux, je ne demande plus au ciel que de mourir en soldat.

LUCILE. Ah ! que ne vous devrai-je pas ! Non, non, Dieu vous conservera à notre reconnaissance ; mais enfin quelles sont vos espérances ? quel est votre plan ?

DILLON. Eh bien, écoutez-moi donc...

SCÈNE VII.

LES MÊMES, LE GREFFIER.

LE GREFFIER, *sortant de la chambre du conseil*. L'audience va commencer. Qu'on ouvre les portes. (*Il s'assied.*)

LUCILE, *avec angoisse*. Déjà !

DILLON, *courant à elle*. Sortons, madame, ne restons pas plus longtemps ici.

LUCILE. Non, je veux le voir.... Camille ! Camille !.. Ils ne le condamneront pas !.. ils n'oseront pas le condamner, n'est-ce pas ?... (*Ici les portes s'ouvrent, le peuple entre et garnit l'enceinte réservée.*)

DILLON, *à Lucile qui sanglotte*. Ce ne sont pas des larmes, ce n'est pas du désespoir qu'il faut... Il faut sauver votre mari.

LUCILE. Le sauver ! ah ! oui... ce mot-là m'a rendu toute mon énergie, toute ma force. (*Ils sortent rapidement, tandis que l'on voit entrer du côté opposé Fouquier-Tinville, Hermann, les juges et les jurés.*)

SCÈNE VIII

FOUQUIER-TINVILLE, HERMANN, LES AUTRES JUGES, LE GREFFIER, PUIS LES ACCUSÉS.

FOUQUIER, *à Hermann.* Tu connais les intentions de Robespierre et les vœux du jury d'accusation ?

HERMANN. Je m'y conformerai. (*Le président et cinq juges, coiffés de chapeaux militaires avec des panaches tricolores, s'asseyent devant la table du fond. A leur droite se placent Fouquier-Tinville et les jurés à leur banc au bas de l'estrade; le Greffier a aussi pris place. Camille, Danton, Chabot, Fabre d'Églantine, Philippeaux, Westermann, Hérault de Séchelles, etc., défilent escortés de gendarmes; le Greffier distribue les actes d'accusation à chaque accusé, lorsqu'il passe devant lui; bientôt le calme le plus profond s'établit.*)

HERMANN. La séance est ouverte. (*Au Greffier.*) L'appel nominal, afin de constater l'identité des prévenus.

LE GREFFIER. Hérault de Séchelles !

HERMANN. Tes prénoms ?

HÉRAULT DE SÉCHELLES. Ils sont peu saillants, même parmi les saints : Marie-Jean.

HERMANN. Ta profession ?

HÉRAULT DE SÉCHELLES. Aujourd'hui représentant du peuple, autrefois parlementaire; je siégeais dans cette salle où j'étais détesté de mes collègues.

FOUQUIER. Tu es accusé, d'accord avec Chabot, d'avoir ourdi une conspiration contre la sûreté de la République; d'avoir reçu de l'argent de l'Angleterre, et d'avoir visité un émigré détenu.

HÉRAULT DE SÉCHELLES. Qu'importe ce que je dirais ? Vous êtes décidés à faire tomber ma tête. Si le peuple refuse de prendre ma défense, je ne puis que me laisser égorger. (*Il s'assied.*)

FOUQUIER. Le peuple ne prend pas la défense de ceux qui ont conspiré contre lui.

HERMANN. Le suivant.

LE GREFFIER. François Chabot !

HERMANN. Ton âge ?

CHABOT. Trente-cinq ans.

HERMANN. Ta profession ?

CHABOT. Ex-capucin et député à la Convention. (*Il s'assied.*)

LE GREFFIER, *continuant l'appel.* Claude Bazire, Delaunay d'Angers...

FOUQUIER. C'est bien, c'est bien, nous avons entendu hier le rapport d'Amar qui les concerne.

LE GREFFIER. François Westermann !

HERMANN. Ton âge ? ta profession ?

WESTERMANN. Moi ? âche ? trente-sisse ans... ma profession ? eh parplé ! chénéral te la répiblique, présitent te malher ! et che té témante, du reste, pourquoi qué ché suis ici ?... Est-ce pour mé récompenser d'afoir entré lé prémière au dix août tans lé château tes Tuileries à la tête des prafes pataillons dé Brest ?... Est-ce pour afoir protéché des chuches tels que toi ?... Est-te pour afoir...

FOUQUIER. Assez !

HERMANN. Le jury est suffisamment éclairé sur ton compte.

CAMILLE, *avec indignation.* Les scélérats !

FOUQUIER. Qui ose ainsi élever la voix ?

CAMILLE. Un homme libre !... Moi, Camille Desmoulins... Westermann, vieux soldat, fils de la victoire, toi qui ramassas tes épaulettes sur les champs de bataille ! Et toi, Hérault de Séchelles, digne défenseur des droits du peuple ! Et toi, Fabre d'Églantine, l'honneur de notre littérature ! Et toi, Philippeaux, homme de conscience ! mes amis, que je suis fier de partager votre sort !

FOUQUIER. Accusé, je te rappelle à l'ordre. Lève-toi, et réponds au tribunal avec le respect qui lui est dû... Ton âge ?

CAMILLE. Celui du sans-culotte Jésus, trente-trois ans, quand des juges iniques le condamnèrent.

FOUQUIER. Tu es accusé d'avoir voulu corrompre la république par des écrits répandus avec profusion, d'avoir conspiré contre le gouvernement en demandant la pitié du peuple en faveur des aristocrates.

CAMILLE. On a mal interprété mes écrits, si l'on a pensé que je demandais un comité de clémence pour les ennemis de la patrie. Non, j'ai dit que la France d'aujourd'hui ne devait pas ressembler à la France des premiers siècles avec ses druides se gorgeant du sang et de meurtres.

LE PEUPLE. Bravo !

CAMILLE. J'aime la république parce que la république seule peut réaliser le vœu menteur de la monarchie : la poule au pot.

LE PEUPLE. Bravo ! bravo ! Camille !

CAMILLE. Eh bien, Fouquier !... eh bien, Hermann ! le peuple est-il de votre avis ? juges prévaricateurs !...

FOUQUIER, *froissant une lettre qu'un huissier vient de lui remettre.* Tandis que Camille insulte à la justice, j'apprends par une lettre que sa femme répand des assignats

dans le peuple pour le soulever en faveur
des accusés.

CAMILLE. Courage ! tu veux égorger ma
femme aussi... la délibération est inutile :
qu'on nous mène à l'échafaud !

HERMANN. Tu outrages le tribunal !

CAMILLE. Qu'on nous mène à l'échafaud,
nous avons assez vécu pour la gloire !... Oh !
les scélérats, aussi bêtes que cruels !... Mais
regardez donc, citoyens, regardez donc Hermann, avec sa face d'hypocrite !... bonne
prise pour toi, Fabre d'Eglantine, si jamais
tu leur échappes et que tu aies un Tartuffe à
peindre ! (Il s'agite sur son banc.) Et Fouquier !... tigre !... sot !... (Il déchire l'acte
d'accusation avec les dents et en fait une boulette qu'il lance sur Fouquier.) Manqué
l'accusateur !... (Il fait encore une boulette
qu'il lance sur Hermann.) Oh ! le président !
sur l'œil !... (Il rit aux éclats et d'une manière convulsive. — Vive rumeur dans l'assemblée.)

HERMANN. Gendarmes, qu'on veille sur
l'accusé !

CAMILLE. Mon gendarme a plus d'esprit
que toi !... (Nouveau rire prolongé et convul-
sif. — Tout à coup il s'arrête et sa tête re-
tombe sur sa poitrine.) Eh quoi ! je vais à
l'échafaud pour avoir versé quelques larmes
sur le sort des malheureux ! pour avoir appelé la pitié de mes concitoyens sur les maux
de ma patrie !... (Moment de silence.)

HERMANN. Accusé Danton !

DANTON, se levant. Me voilà. (Profond
silence.)

HERMANN. Tes prénoms ?

DANTON. Georges, Jacques.

HERMANN. Ton âge ?

DANTON. Trente-cinq ans.

HERMANN. Ta demeure ?

DANTON. Ma demeure ? elle sera bientôt
dans le néant, et mon nom au Panthéon de
l'histoire. Mais qui es-tu, toi qui m'in-
terroges ? (A Fouquier.) Qui es-tu, toi qui
m'accuses ?... vous tous ici présents, qui êtes-
vous ?... Il y eut un tribunal dont la forma-
tion fut mon ouvrage, ce tribunal se nommait, comme celui-ci, le tribunal révolutionnaire ; comme celui-ci, il était composé d'un
président, d'un accusateur public et d'un cer-
tain nombre de juges et de jurés. Le voici
bien ce tribunal tel que je l'ai constitué ;
mais pour qui est-il assemblé ? pour moi !

FOUQUIER. Danton, tu répondras à la justice inflexible, inévitable. Voyons ta conduite
passée, et montrons que, depuis le premier
jour, complice de tous les attentats, tu fus
toujours contraire au parti de la liberté, et

que tu conspirais avec Mirabeau, avec Dumouriez, avec Hébert, avec Hérault-de-Sé-
chelles.

DANTON, regardant et froissant dans ses
mains son acte d'accusation. En parcou-
rant cette liste d'absurdes infamies, je sens
tout mon être frémir.

FOUQUIER. Tu vis avec horreur la révolution du 31 mai ; Hérault, Lacroix et toi
demandâtes la tête d'Henriot qui avait fait
son devoir. Depuis, n'as-tu pas envoyé un
ambassadeur à Pétion et à Wimpfen, dans le
Calvados ? ne t'es-tu pas opposé à la punition
des députés de la Gironde ?... N'avais-tu pas
défendu Stingell qui avait fait égorger les
avant-postes de l'armée à Aix-la-Chapelle ?
Enfin des lettres de l'ambassadeur d'Espagne
à Venise, au duc d'Aranda, ne disent-elles
pas qu'on te soupçonnait à Paris d'avoir des
conférences au Temple avec la reine ?... L'é-
tranger est toujours bien instruit des crimes
commis en sa faveur.

DANTON. Moi ! moi accusé d'avoir tendu
la main à l'étranger, et d'avoir appelé le despotisme !... (Il porte la main à sa tête.)
Voyez ce front, le génie de la liberté y est
empreint. C'est Danton qui s'écrie du sein
de la Convention, lorsque vous redoutiez tous
la guerre avec l'étranger : « Vous avez pour
vous la justice et la raison et la nation
française pour levier ; et vous craignez de
soulever le monde ! » c'est Danton qui a
conduit le peuple au Champ-de-Mars pour y
signer la pétition contre la royauté, c'est
Danton qui le premier a proposé le renversement du trône ; c'est Danton qui a pro-
clamé l'insurrection du 9 août !... conspi-
rait-il pendant les douze heures de cette insurrection ?... Qu'on fasse paraître mes accusateurs, je vais démasquer les trois plats
coquins qui entourent et perdent Robespierre.

HERMANN, agitant sa sonnette. Danton !
Danton !

CAMILLE, se levant brusquement et éten-
dant le bras vers la porte de la chambre du
conseil restée entr'ouverte. Tiens ! tiens ! Danton, regarde ! les voici, Saint-Just et Vou-
land, les vois-tu qui se cachent dans le cor-
ridor derrière cette porte ?

DANTON. Ils nous poursuivent jusqu'ici,
ils ne nous quitteront qu'à l'échafaud !

CAMILLE. Malédiction sur eux !

TOUS LES ACCUSÉS, se levant par un mouvement spontané. Malédiction ! (Vive rumeur.)

HERMANN, agitant sa sonnette avec plus
de force. Silence.

DANTON, d'une voix tonnante. La voix

d'un homme qui défend son honneur et sa vie doit vaincre le bruit de ta sonnette.

UN HUISSIER, *introduisant un envoyé de la Convention nationale.* De la part de la Convention! (*L'envoyé s'approche du tribunal, remet une dépêche au président et s'éloigne. Cependant à l'irritation a succédé la surprise; le calme se rétablit.*)

HERMANN, *ouvrant la dépêche.* C'est un décret de la Convention qui autorise la mise hors des débats de tout accusé qui outragerait la justice nationale.

FOUQUIER, *à part.* Robespierre a tenu parole.

HERAULT DE SECHELLES. Ils veulent nous assassiner!

WESTERMANN. Les crédins!

CHABOT. Les monstres!

PHILIPPEAUX. Les lâches!

FOUQUIER. N'est-ce pas à toi que ce nom appartient, Philippeaux? à toi qui as calomnié les généraux de la Vendée que tu traversais en poste; à toi dont le panache tricolore a été coupé par un boulet de canon, sans que les glaces de la voiture où tu te cachais en aient été brisées?

PHILIPPEAUX. Arrête, Fouquier-Tinville! Tu peux me faire périr, mais me déshonorer... jamais!

FOUQUIER. En vertu du décret de ce jour, je demande que les accusés soient mis hors des débats.

HERMANN. Accusés, vous n'avez plus la parole.

CAMILLE. Eh! de quel droit l'ôterais-tu, président des assassins! C'est au peuple que nous parlons, et personne ne peut stipuler pour lui.

FOUQUIER. Silence!

UNE VOIX. Parlez!

PLUSIEURS VOIX, *dans la foule.* Oui, parlez, parlez!

CAMILLE. La conscience publique est la sauvegarde du citoyen; le droit d'intéresser l'opinion est un droit naturel, imprescriptible, inaliénable, et je ne vois de traîtres que parmi ceux qui tendraient à l'opprimer. Un censeur royal se serait contenté de dire: Vous avez écrit contre la cour et contre monseigneur l'archevêque; on dit aujourd'hui à un citoyen français: Vous ne parlerez pas à vos concitoyens; vous vous laisserez frapper sans murmurer!!! (*Des bravos éclatent.*)

DANTON. Il nous faut ou le même char de triomphe, ou le même tombeau qu'à la liberté: cette liberté, pour laquelle nous avons combattu, elle va périr! L'affreux despotisme, un poignard à la main, s'avance pour l'égorger! Républicains, défendez-vous!

TOUS LES ACCUSÉS, *avec force.* Républicains, défendez-vous!

LA FOULE. Vive la liberté! à bas les tyrans!

FOUQUIER. Soldats, faites retirer les perturbateurs!

LA FOULE. A bas les baïonnettes! (*Bruit et tumulte au dehors.*)

HANRIOT, *entrant précipitamment.* On se révolte, on veut enfoncer les portes du tribunal et enlever les accusés!

FOUQUIER. Ils ne sortiront d'ici que pour marcher à l'échafaud!

HERMANN. Il n'y a pas un instant à perdre.

HANRIOT. Je retourne à mon poste. Un fort détachement protégera votre sortie par la chambre du conseil, mais hâtez-vous!

VOIX, *dans le peuple.* A la porte, Hanriot! (*Il sort au milieu d'un houra: vive agitation dans le tribunal.*)

CAMILLE. Haine et guerre à la tyrannie, sous quelque forme qu'elle se présente!

WESTERMANN. Trente sans-quilottes avec moi et che fiche tout ça en déroute!

DANTON. Les agents de la république sont vendus à l'aristocratie; les conventionnels mangent le pain du peuple, ils se couvrent d'or et de panaches en prêchant l'égalité.

VOIX, *dans la foule.* Danton a raison.

CRI GÉNÉRAL. Oui, oui! vive Danton!

FOUQUIER, *élevant la voix au milieu du désordre.* Juges, jurés, la patrie est en danger; elle attend de nous une décision prompte et courageuse.

HERMANN. Il faut prononcer sur-le-champ: point de formalité superflue. Les accusés ci-présents et dénommés dans l'acte d'accusation sont-ils coupables de haute trahison, oui ou non?

LES JURÉS, *vivement et en tumulte.* Oui, oui, oui!

HERMANN. En conséquence, le tribunal, se joignant au jury, condamne Chabot, Bazire, Fabre, Lacroix (*de violents murmures couvrent sa voix*), Westermann, Camille Desmoulins et Danton, à la peine de mort.

CAMILLE. Nous en appelons au peuple!

TOUS LES ACCUSÉS. Oui, oui, au peuple!

CAMILLE. Le peuple a conquis sa souveraineté au prix de son sang, dès ce moment il en reprend l'exercice!

LA FOULE. Vive le peuple! à bas le tribunal! (*Le tambour bat et on entend plusieurs coups de feu.*)

DILLON, *vêtu en ouvrier, traversant la foule et s'élançant en scène.* Vive la République!

CAMILLE, *vivement.* Dillon!

DILLON. Vous êtes sauvés!

TOUS. Vive la République! (*Le tumulte est au comble. — Hermann, Fouquier sortent protégés par des gendarmes qui abandonnent les accusés.*)

ACTE CINQUIEME.

LA CONCIERGERIE.

Une salle basse. — Deux tables ; à l'une, Camille Desmoulins, assis pensif, la tête appuyée sur ses mains ; à l'autre, Danton, Westermann, Héraut de Séchelles, etc. — Danton est assis sur le bord de la table sur laquelle Westermann attise un boll de punch ; à l'entour se pressent les condamnés. Héraut de Séchelles debout est détaché du groupe.

SCÈNE PREMIÈRE.

CAMILLE, HÉRAULT, DANTON, WESTERMANN, Condamnés.

HÉRAULT. Vaincu ! le peuple encore une fois vaincu ! et nous, à la Conciergerie !

WESTERMANN. La Gonciercherie ! qu'est-ce qui en tit tu mal ? lochés et nourris aux frais tu Couvernement, sans gompter les peaux yeux de la bétite Giroflée, la fille de notre cuichetier t'amour, et ce poll de bunch. (*Prenant la cuillère.*) Au pénitier, c'est moi que j'asberge. (*Tous tendent leurs verres à Westermann qui les sert.*)

DANTON, *qui pendant ce temps s'est levé et s'est approché de Camille lui frappe sur l'épaule.* A quoi penses-tu ?

CAMILLE. A ma femme, à mon fils. Oh ! dis-moi, Danton, que je les reverrai là-haut, dis-moi que tu crois à l'immortalité de l'âme.

DANTON. L'âme, une étincelle du grand être qui tôt ou tard retourne au grand tout.

CAMILLE, *se couvrant la figure.* Tais-toi ! tais-toi !

DANTON, *retournant aux buveurs.* Mon verre !

WESTERMANN. Ah ! fichtre ! tu es en retard.

DANTON. Versé ! verse à la liberté !

WESTERMANN, *vidant le fond du boll dans le verre de Danton.* C'est qu'il n'y en a bresque blus. (*Eclat de rire général, pendant lequel Danton frappe violemment sur la table.*)

SCÈNE II.

LES MÊMES, MARIE.

MARIE. Voilà, voilà, citoyens.

DANTON. Du punch.

MARIE. Vous allez être servis. (*Elle sort.*)

SCÈNE III.

LES MÊMES, *moins* MARIE.

WESTERMANN. Est-elle chentille ! est-elle chentille !

DANTON. Il ne sera pas dit, camarades, que nous aurons assombri notre dernière heure. Les Girondins ont eu leur banquet, supposons que nous sommes au dessert et trinquons joyeusement comme hier encore nous trinquions chez Méot.

SCÈNE IV.

LES MÊMES, MARIE.

MARIE, *rentrant avec un boll de punch allumé qu'elle place sur la table.* Buvez, buvez, citoyens, à votre prochaine délivrance.

WESTERMANN. A notre télivrance.

MARIE. Dame ! c'est le vœu de tout le monde.

DANTON. Oh ! si le peuple était juge !

WESTERMANN. Ça prûle ! ça prûle ! ça flampe ! (*A Marie.*) C'est comme tes yeux noirs, citoyenne.

DANTON, *arrêtant Marie qui échappe à Westermann.* Une rose à ton corsage ?

MARIE. Elle vient d'un rosier que m'a donné la citoyenne Lucile Desmoulins. Prenez-la, elle vous portera bonheur.

DANTON. Merci ! je l'accepte d'autant mieux que si tu as un fiancé, jeune fille, avant une heure, il ne pourra plus être jaloux de moi.

MARIE, *s'approchant de Camille.* Eh bien, monsieur Camille, il n'y a donc que vous qui ne me parliez pas ?

CAMILLE. Quand tu nous as quittés, Marie, ma femme et moi nous t'avons baisée au front ; moi en te disant : jeunesse, et beauté sont des trésors sur qui Dieu veille. A ce baiser j'en joins un autre, Marie; si je ne dois pas revoir Lucile, tu le lui rendras.

MARIE. Au revoir, citoyens... Eux, mourir! Oh! non, le ciel ne le permettra pas. (*Marie sort.*)

SCÈNE V.

LES MÊMES, *moins* MARIE.

DANTON. Les anciens couronnaient leurs victimes au moment de marcher à la mort, et comme je doute que le comité de salut public se pique envers nous de cette politesse... (*Il met la rose à sa boutonnière.*)

WESTERMANN. Oui, mais tis tonc, nous n'en avons pas, nous, des fleurs.

DANTON. Des fleurs! non; mais tous de la gloire.

WESTERMANN. Ah! fichtre, che reverse. Dremblement chénéral! à l'avenir! (*Tous choquent bruyamment leurs verres.*)

TOUS. A l'avenir! A l'avenir!

DANTON, *tirant froidement sa montre.* Cinquante-cinq minutes nous en séparent.

SCÈNE VI.

LES MÊMES, CHABOT.

CHABOT, *entrant dans le plus grand désordre.* Sauvez-moi, sauvez-moi.

TOUS. Chabot!...

DANTON. Je le croyais en train de dire ses patenôtres.

CHABOT, *la main sur sa poitrine et convulsivement.* Le poison!

TOUS. Du poison!

CHABOT. Il est là qui me dévore!

DANTON. Poltron! il aura craint d'attendre la mort.

CHABOT. La mort! elle est là! terrible! menaçante! voyez-vous d'ici la hideuse machine, le bourreau, ses aides qui nous attendent, la foule qui hurle et tourbillonne. Oh! le poison! je brûle... je brûle... Est-ce déjà l'enfer?... de l'eau, par pitié, de l'eau!

WESTERMANN, *lui présentant un verre.* Pois. (*Chabot brise convulsivement le verre entre ses lèvres*). Le courmand, il affale même le terre. (*Chabot jette tout à coup le verre loin de lui et s'élance l'œil hagard les cheveux en désordre*).

CHABOT. Mourir! Non, non, pas encore... Du secours, un médecin!... De l'or, j'en ai, mais sauvez-moi... Oh! oh! oh! la

vie... (*Il chancelle en reculant et va tomber dans un des angles de la prison. Tous se portent vers lui et l'entourent; pendant ce temps Westermann le couvre de son manteau*).

WESTERMANN. Mon bauvre cabucin, tu ne t'attendais guère à afoir pour dernier froc l'hapit d'un chénéral de la répiplique.

DANTON, *pendant cela a traversé froidement le théâtre, et s'est approché de Camille resté étranger à cette scène. Camille.*

CAMILLE. Qu'est-ce?

DANTON. Tu me parlais tout à l'heure de l'immortalité de l'âme. (*Passant son bras sous le sien et le conduisant vers le cadavre de Chabot qu'il touche dédaigneusement du pied*). Crois-tu qu'il y en ait jamais eu une là-dedans?

CAMILLE, *reculant.* Horreur!

SCÈNE VII.

LES MÊMES, UN GUICHETIER, *annonçant.*

LE GUICHETIER. Le citoyen Bérardier et la citoyenne Desmoulins.

CAMILLE. Ah! de grâce, mes amis!

DANTON, *les yeux sur Lucile, qui entre soutenue par Bérardier.* Une femme et un prêtre! en voilà deux fois plus qu'il ne faut pour faiblir.

CAMILLE. Une femme et un prêtre, c'est le courage et la résignation.

DANTON. Soit! (*Aux autres condamnés.*) Laissons-le et allons nous préparer à achever le beau rêve qu'on nomme la vie.

WESTERMANN, *prenant le boll.* Et le poll de bunch aussi. (*Ils sortent tous.*)

SCÈNE VIII.

CAMILLE, LUCILE, BÉRARDIER.

CAMILLE. Toi, Lucile, et vous Bérardier!

LUCILE. Au moyen de ce laissez-passer...

CAMILLE, *y jetant les yeux.* Signé Robespierre! Dieu soit loué, il a encore du cœur.

LUCILE. Je viens t'exhorter à vivre.

BÉRARDIER. Et moi, je viens vous affermir contre la mort.

CAMILLE, *pressant les mains de sa femme.* Merci, mon père; mais vous exposer de la sorte! ne savez-vous pas que la Conciergerie est l'antichambre de l'échafaud?

BÉRARDIER. La place du prêtre est partout où se trouve le danger. Belsunce ne déserta pas son poste au milieu des pestiférés de Marseille, et moi, tant qu'il plaira à Dieu ; je resterai fidèle au mien.

LUCILE. Un billet ne t'a-t-il pas été remis hier par Marie ?

CAMILLE. Oui, et le contenu de ce billet est encore une énigme pour moi.

LUCILE, *les attirant à elle sur le devant du théâtre.* Une énigme que je t'aurai promptement expliquée. *Pendant ce mouvement un porte-clefs est entré avec précaution, les regarde et prête l'oreille.*

LUCILE. Apprends que le général Dillon...

SCÈNE IX.

LES MÊMES, DILLON. *Le porte-clefs, qui n'est autre que Dillon, s'avance brusquement et montre un trousseau de clefs.*

DILLON. Est maître de la Conciergerie. (*Mouvement de stupéfaction des interlocuteurs.*) Ce que je n'ai pu exécuter au tribunal révolutionnaire, je l'accomplirai aujourd'hui ; dans une heure, la fatale charrette doit entrer dans la cour de la prison ; dans une heure je l'aurai convertie pour vous en char de triomphe.

CAMILLE. Que dites-vous ?

DILLON. Que cette fois nos mesures sont bien prises, et que Robespierre ni aucun de ses acolytes ne nous échapperont.

CAMILLE. Encore une de ces obscures conspirations !

DILLON. Non, non, celle-ci est un vaste réseau qui les presse et les enveloppe de toutes parts. Le marquis de la Vallière doit se porter dans la rue Saint-Florentin et nous débarrasser d'abord de l'odieux Robespierre. Le baron d'Antigny se charge du massacre de tous les membres du tribunal révolutionnaire, et le chevalier de Mareuil de la délivrance des émigrés qui gémissent dans les cachots de la Force et de l'Abbaye. A la faveur de cette première attaque, la Conciergerie est facilement enlevée par quelques hommes à qui j'en livre l'entrée, et dès lors, vous, Danton, Westermann, Hérault de Séchelles, vous tous enfin qui fûtes et êtes encore les idoles du peuple, vous êtes libres, vous vous répandez dans Paris, qui à votre voix se dresse dans toute sa force et dans toute sa fureur.

BÉRARDIER. Toujours du sang.

LUCILE. Et des larmes.

DILLON. Du sang et des larmes, ne nous en font-ils pas répandre chaque jour au nom de la France qu'ils calomnient ?

CAMILLE. De la France qu'ils ont sauvée de l'invasion étrangère et des projets liberticides de l'émigration ; de la France qui leur pardonne ses douleurs en faveur de sa gloire.

DILLON. Un tel langage...

CAMILLE. Est le seul qui convienne à Camille Desmoulins... Avez-vous cru, général, que je m'associerais à l'œuvre ténébreuse que vous méditez ?

LUCILE. Mais alors...

CAMILLE. Je saurai mourir.

LUCILE. Mourir, toi...

CAMILLE. Aimes-tu mieux l'égorgement des citoyens entre eux ?

LUCILE. Camille !

CAMILLE. Aimes-tu mieux le pillage, l'incendie, l'assassinat ?

LUCILE. Camille !...

CAMILLE. Aimes-tu mieux que demain des milliers de veuves et de mères te viennent demander leurs enfants et leurs époux, tués parce que Camille Desmoulins aura eu peur de la guillotine ?

LUCILE. Camille !...

CAMILLE. Non, non ; mieux vaut que tu pleures, mieux vaut que notre fils reste orphelin.

LUCILE. Camille !...

CAMILLE, *courant à Bérardier.* Oh ! vous qui êtes chrétien, dites-lui donc, mon père, que Dieu met le sceau de la réprobation et de l'infamie au front de tous les Caïns.

BÉRARDIER, *soutenant Lucile.* Ma fille !

CAMILLE. Allons, partez, partez, je vous la confie, mon père, jusqu'à ce qu'il plaise à Dieu de me la rendre là-haut. (*Il baise Lucile au front. Berardier et Lucile sortent.*)

SCÈNE X.

CAMILLE, DILLON.

CAMILLE, *à Dillon, qui le contemple.* Eh bien ! général ?

DILLON. Je vous admire et je vous plains. (*Rumeurs à l'extérieur.*) Qu'est-ce que cela ?.. qui vient ? Robespierre ! Serions-nous trahis ?

CAMILLE, *lui indiquant une porte.* Entrez là, monsieur, et vous allez savoir de quel côté sont en France le droit et la raison. (*Dillon entre.*)

SCÈNE XI.

ROBESPIERRE, CAMILLE.

CAMILLE, *allant au-devant de Robes-*

pierre.) Je vois, Robespierre, que mon message t'a été fidèlement remis.

ROBESPIERRE. Et je me suis hâté d'accourir à ton appel, car, je te l'avouerai, malgré l'inflexible rigueur que j'ai été forcé de déployer contre toi, je n'ai pas oublié que tu fus mon ami, et sans ton obstination à soutenir des principes...

CAMILLE. Des principes que je vais sceller de mon sang.

ROBESPIERRE. Prêcher la modération! Mais sais-tu bien ce que c'est que les modérés? Ce sont des lâches ou des traîtres dans une révolution. Le modérantisme, c'est la peur, l'égoïsme, la médiocrité qui veut régner; c'est l'absence de toute vertu forte et grande. Quand je vois à chaque instant s'éteindre le culte du patriotisme, de vils écrivains sans âme, sans conscience, déverser l'ironie, le ridicule, sur ce mot sacré de patrie, c'est alors que je suis sans pitié, et que mon amour pour le pays s'élève jusqu'à la fureur.

CAMILLE. La postérité te jugera.

ROBESPIERRE. J'ai pour moi ma conscience. Mais laissons cela; tu m'as fait venir...

CAMILLE. Avant que je ne m'explique, dis-moi, Robespierre, si, quelque coupable qu'il puisse être, le citoyen qui sauverait aujourd'hui la République menacée n'aurait pas le droit d'obtenir de toi tout ce qu'il te demanderait.

ROBESPIERRE. Ce préambule...

CAMILLE. Aboutit tout simplement à te prier de me signer sur-le-champ la grâce pleine et entière...

ROBESPIERRE. Une grâce! La tienne?...

CAMILLE, *vivement*. Ah!

ROBESPIERRE. Pardon... mais de quoi s'agit-il?

CAMILLE. Laisse, pour l'instant, le nom en blanc.

ROBESPIERRE *écrit et remet une feuille à Camille*. Es-tu satisfait?

CAMILLE. A moi cette grâce, à toi le secret du complot.

ROBESPIERRE. Ce complot... je le connais.

CAMILLE. Tu le connais?

ROBESPIERRE. Oui!... dans tous ses détails... Il ne me reste plus qu'à savoir le nom du chef... et c'est toi qui vas me l'apprendre.

CAMILLE. Je puis sauver le pays sans me faire le pourvoyeur de Fouquier-Tinville.

ROBESPIERRE. Parle, hâte-toi.

CAMILLE. Tu vas sortir à l'instant d'ici et te rendre au Comité de salut public. Qu'on batte la générale; que tout bon citoyen prenne les armes, que tous les postes soient doublés, ceux de la Convention, de l'Abbaye, de la Force surtout.

ROBESPIERRE. Je cours... ou plutôt je ne quitte pas la Conciergerie... car c'est d'ici que partiront tous les ordres. Au revoir.

CAMILLE. Un dernier avis, Maximilien. Les poignards sont levés sur toi; ne néglige rien pour sauver ta vie.

ROBESPIERRE, *étonné*. C'est toi qui me sauves.

CAMILLE. Je sauve plus qu'un homme! Tant que j'ai pu douter de l'audace de nos ennemis, j'ai proscrit des rigueurs que je regardais comme inutiles; mais aujourd'hui, qu'ils n'ont pas craint de me confier à moi-même et leurs folles espérances et leurs desseins criminels, le bandeau tombe, la lumière se fait, et je vois en toi le seul homme qui puisse tracer sa route au vaisseau de la République, le seul homme qui puisse défendre le drapeau de la liberté contre les factions qui déchirent notre malheureuse patrie.

ROBESPIERRE. Et tu mourrais, toi! toi, Camille!

CAMILLE. Il le faut! Songe, Robespierre, à ce que je fus. Qu'on épargne en moi l'ancien chef des modérés, et leur courage abattu se relève aussitôt... L'impunité pour moi, c'est pour eux le triomphe, et le triomphe pour les modérés, c'est la ruine de la révolution.

ROBESPIERRE. Eh bien, nouveau Curtius, précipite-toi donc dans le gouffre, tu en sortiras immortel!... Ah! Camille!... le plus à plaindre de nous deux, c'est moi, qui reste debout sur le volcan... Tôt ou tard, je le prévois, il m'engloutira à mon tour. Que dira-t-on de nous dans cinquante ans?... Toi, on te glorifiera; moi, je serai maudit... pour toi tous les regrets... pour moi toutes les imprécations. Mais Socrate but la ciguë, Sydney expia sur l'échafaud le crime d'avoir été un républicain antique! Et le plus grand de tous, le fils de Marie... le pauvre charpentier de Nazareth? n'a-t-il pas été poursuivi, persécuté, bafoué par une soldatesque aveugle, et condamné comme révolutionnaire pour avoir été l'ami du pauvre et de l'esclave?... Mais le dernier soupir du divin maître a eu un retentissement qui tôt ou tard donnera la fraternité à tous les peuples de la terre! (*Ils se jettent dans les bras l'un de l'autre et se tiennent étroitement embrassés. Pendant ce temps, Dillon est sorti visiblement ému. Il s'avance avec assurance, et se présentant tout à coup.*)

DILLON. Robespierre!

ROBESPIERRE. Le général Dillon, ici, sous ce déguisement.

CAMILLE. Et sous la grâce que tu viens de signer.

ROBESPIERRE. Quoi ! ce nom laissé en blanc, c'était le sien ?

CAMILLE, *lui passant les tablettes.* Ecris, écris, car ta parole est inviolable, car c'est au nom de la république que tu me l'as donnée, et la république ne saurait mentir.

ROBESPIERRE *remet la grâce à Dillon.* Prenez, monsieur, et surtout hâtez-vous de quitter le sol de la France...

DILLON. Robespierre, crois-tu donc qu'il n'y ait de courage que dans vos rangs ? De la pitié, du mépris peut-être, non, non, ta grâce, tiens, la voici. (*Il déchire les tablettes.*) La mort est trop belle avec de tels compagnons pour n'en pas réclamer sa part.

ROBESPIERRE, *à part.* Quels hommes et quelle histoire ! (*Il sort. Pendant ce temps, Dillon et Camille se sont donné la main ; un son de cloche. La porte de la pièce voisine s'ouvre, livrant passage aux condamnés qui se répandent bruyamment sur la scène.*)

SCÈNE XII.

LES MÊMES, DANTON, WESTERMANN, HERAULT *et puis* HANRIOT.

CONDAMNÉS. La cloche ! la cloche !

DANTON. Enfin ! nous avons failli attendre.

HANRIOT, *suivi de deux guichetiers et de soldats.* L'appel...

LE GUICHETIER. Nominal.

HANRIOT. Inutile, par numéro, ça va plus vite ; 1, 2, 3, 4, 5, 6, 7, 8. (*Les condamnés à chaque numéro répondent : Présent !*)

HANRIOT. 9... Personne ne répond... Voyons, le 9.

DANTON. C'est le capucin Chabot qui s'est empoisonné par crainte de l'échafaud !

HANRIOT. Diable ! ça ne fait pas mon compte.

DILLON, *s'avançant.* Je le complète.

TOUS. Dillon !

CAMILLE. Un ami que je vous présente, un frère qui vient vous demander place dans vos rangs.

DANTON. Tope là, général, je te savais royaliste... mais je savais aussi que tu n'étais pas de ceux qui se cachent à Coblentz. (*Bruit de charrette au dehors.*)

WESTERMANN. Ah ! voici l'équipage.

HANRIOT. En route ! (*Mouvement parmi les condamnés.*)

DANTON. Vive la république !

TOUS. Vive la république !

DILLON. Vive le roi !

DANTON. Dillon !

CAMILLE, *réunissant leurs mains.* A cette heure, plus de haine ! Amis, il est un cri que peuvent pousser tous les hommes de cœur : Vive la France !

TOUS. Vive la France ! (*La cloche continue à sonner ; ils sortent.*)

CHANGEMENT.

La cour de la Conciergerie. — Plusieurs groupes circulent avec agitation. Sous une voûte, une charrette qu'on n'aperçoit qu'à peine.

SCENE PREMIERE.

On voit paraître LUCILE, BÉRARDIER, MARIE.

BÉRARDIER, *retenant Lucile.* Venez, suivez-nous.

LUCILE, *avec une résignation terrible.* Non, non, je reste ! A moi le dernier regard de Camille.

BÉRARDIER. Mais...

LUCILE. Oh ! je suis ferme et résolue.

BÉRARDIER. Ne l'abandonnez pas, mon Dieu, dans ce terrible moment ! (*Pendant tout ce qui précède, Henriot est entré avec quelques hommes ; mouvement dans la foule. Les issues sont gardées par la troupe. Cris dans la foule : les voilà ! les voilà !*)

LUCILE. Déjà !... (*Ici paraissent les condamnés marchant deux à deux ; Camille est près de Danton ; il aperçoit sa femme et s'écrie avec désespoir : Lucile ! Lucile !*)

LUCILE, *tombant à la renverse et sans connaissance.* Camille ! (*Camille veut écarter l'escorte et s'élancer vers elle.*)

DANTON, *l'arrêtant.* Pas de faiblesse !

CAMILLE. Non, car Dieu nous attend et la France nous regarde !... (*Arrivés à la charrette, les condamnés y montent résolument. — Ici paraît, à l'entrée de la petite poterne, Robespierre s'entretenant à voix basse avec Fouquier-Tainville. — Danton l'apercevant de la charrette et le montrant du doigt :* Robespierre !... *Tous les regards se portent sur* Robespierre *impassible et muet.*)

DANTON. Robespierre ! je t'entraîne avec moi ! (*La charrette s'ébranle, mouvement général.*)

ROBESPIERRE, *à lui-même, à l'écart.* Oui, comme eux je mourrai, mais la République vivra.

FIN.

Imprimerie Dondey-Dupré, rue Saint-Louis, 46, au Marais.

MARGUERITE FORTIER, *idem.*
MARGUERITE, vaud. en 3 actes, par Mme Ancelot.
MATHIAS L'INVALIDE, com.-vaudeville 2 actes.
MADAME ET MONSIEUR PINCHON, vaud. 1 acte.
MARCEL, drame en 5 actes.
LA MAITRESSE DE LANGUES, vaudeville en 1 acte.
LA MARQUISE DE SENNETERRE, comédie 3 actes.
MATHILDE ou la Jalousie, comédie-vaud. 2 actes.
MONSIEUR ET MADAME GALOCHARD, vaud. 1 acte.
LES MILLE ET UNE NUITS, féerie 3 actes 16 tabl.
MURAT, drame en 5 actes et 16 tableaux.
LE MARI DE LA DAME DE CHŒURS, vaud. 2 actes.
LA MARQUISE DE PRÉTINTAILLE, vaud. 1 acte.
NAPOLÉON BONAPARTE, drame en 6 actes, par
   Alex. Dumas.
LE NAUFRAGE DE LA MÉDUSE, drame en 5 actes.
LA NONNE SANGLANTE, *idem.*
L'OFFICIER BLEU, drame en 5 actes.
LES ORPHELINS D'ANVERS, *idem.*
L'OUVRIER, drame en 5 actes, par Fréd. Soulié.
PAUL JONES, drame 5 actes, par Alex. Dumas.
PAUL ET VIRGINIE, drame en 5 actes.
PARIS LA NUIT, *idem.*
PAMÉLA GIRAUD, drame en 5 actes, par Balzac.
LE PAYSAN DES ALPES, drame en 5 actes.
PAUVRE MÈRE, *idem.*
PAUVRE FILLE, *idem.*
PARIS LE BOHÉMIEN, *idem.*
PASCAL ET CHAMBORD, com.-vaud. en 2 actes.
LA PLAINE DE GRENELLE, drame en 5 actes.
LA PENSIONNAIRE MARIÉE, vaud. en 2 a. Scribe.
LE PERRUQUIER DE L'EMPEREUR, dame en 5 act.
PIERRE LEROUGE, com.-vaud. en 2 actes.
LES PILULES DU DIABLE, féerie en 18 tableaux.
LES PETITES MISÈRES DE LA VIE HUMAINE, vau-
   deville en 1 acte.

LE PRINCE EUGÈNE ET L'IMPÉRATRICE JOSÉ-
   PHINE, drame en 10 tableaux.
LES PRUSSIENS EN LORRAINE, drame en 5 act.
LE PROSCRIT, drame en 5 a., par Fréd. Soulié.
LA PLAINE DE GRENELLE, *idem.*
QUI SE RESSEMBLE SE GÊNE, vaudev. en 1 acte.
QUAND L'AMOUR S'EN VA, vaudev. en 1 acte.
RENAUDIN DE CAEN, comédie en 2 actes.
RICHE ET PAUVRE, drame en 5 actes, par Emile
   Souvestre.
RITA L'ESPAGNOLE, drame en 5 actes.
ROMÉO ET JULIETTE, par Frédéric Soulié.
SANS NOM, folie-vaudeville en 1 acte.
LA SALPÊTRIÈRE, drame en 5 actes.
LES SEPT CHATEAUX DU DIABLE, féerie en 5 act.
LA SŒUR DU MULETIER, drame en 5 actes, par
   Bouchardy.
LES SEPT ENFANTS DE LARA, drame en 5 actes.
STELLA, ou la Forteresse du Mont des Géants,
   drame en 5 actes.
LA SONNETTE DE NUIT, folie vaudev. en 1 acte.
LA TACHE DE SANG, drame en 3 actes.
LA TRAITE DES NOIRS, drame en 5 actes.
LE TREMBLEMENT DE TERRE DE LA MARTINIQUE,
   drame en 5 actes.
LA TIRELIRE, vaudeville en 1 acte.
THOMAS MAUREVERT, *idem.*
UN CHANGEMENT DE MAIN, comédie en 2 actes.
UN MARIAGE SOUS LOUIS XV, comédie en 3 actes,
   par Alex. Dumas.
UNE PASSION, vaudeville en 1 acte.
UNE VISION DU TASSE, monologue en 1 a. en vers.
VAUTRIN, drame en 5 actes, par Balzac.
LA VÉNITIENNE, drame en 5 actes.
LA VOISIN, drame en 3 actes.
LA VIE DE NAPOLÉON, récit en un acte.

CHEFS-D'ŒUVRE DU THÉATRE FRANÇAIS, A 25 CENTIMES.

ATHALIE, tragédie en 5 actes.
ANDROMAQUE, tragédie en 5 actes.
L'AVARE, comédie en 5 actes.
LE BARBIER DE SÉVILLE, comédie en 4 actes.
BRITANNICUS, tragédie en 5 actes.
CINNA, tragédie en 5 actes.
LE CID, tragédie en 5 actes.
LE DÉPIT AMOUREUX, comédie en 2 actes.
L'ÉCOLE DES FEMMES, comédie en 5 actes.
LES FOLIES AMOUREUSES, comédie en 3 actes.
HAMLET, tragédie en 5 actes.
LES HORACES, tragédie en 5 actes.
IPHIGÉNIE EN AULIDE, tragédie en 5 actes.

LE MARIAGE DE FIGARO, comédie en 5 actes.
MAHOMET, tragédie en 5 actes.
LA MORT DE CÉSAR, tragédie en 5 actes.
LE MISANTHROPE, comédie en 5 actes.
LA MÈRE COUPABLE, comédie en 3 actes.
MÉROPE, tragédie en 5 actes.
LA MÉTROMANIE, comédie en 5 actes.
LE MALADE IMAGINAIRE, comédie en 3 actes.
OTHELLO, tragédie en 5 actes.
PHÈDRE, tragédie en 5 actes.
POLYEUCTE, tragédie en 5 actes.
LE TARTUFE, comédie en 5 actes.
ZAIRE, tragédie en 5 actes.

Pièces nouvelles.

A 50 CENTIMES.

LE CHEVALIER D'HARMENTAL, drame en 5 actes.
LA GUERRE DES FEMMES, drame en 5 actes.
LE CONNÉTABLE DE BOURBON, drame en 5 actes.
LE COMTE HERMANN, drame en 5 actes.
LE MOULIN DES TILLEULS, op.-com. en 1 acte.
BLANCHE ET BLANCHETTE, dr.-vaud. en 5 actes.
LES CHERCHEURS D'OR, drame en 5 actes.
LE PIED DE MOUTON, féerie.
BONAPARTE OU LES PREMIÈRES PAGES D'UNE GRANDE HISTOIRE, en 5 actes.
LES 4 COINS DE PARIS, 5 actes, Paul de Kock.
CAMILLE DESMOULINS, drame en 5 actes.
URBAIN GRANDIER, drame en 5 actes, par MM. Alex. Dumas et Aug. Maquet.

A 25 CENTIMES.

LE CONGRÈS DE LA PAIX, vaudeville en 1 acte.
LE TREMBLEUR, comédie-vaudeville en 2 actes.
LA MORT DE GILBERT, monologue en vers.
UNE MAUVAISE NUIT EST BIENTOT PASSÉE, comédie-proverbe.
UNE BONNE FILLE, comédie-vaudeville en 1 acte.
LA FACTION DE M. LE CURÉ, vaudeville en 1 acte.
LA CHUTE DES FEUILLES, proverbe en 1 acte.
LE CACHEMIRE VERT, 1 acte, Alex. Dumas.
LA CUISINIÈRE BOURGEOISE, vaud. en 2 actes.
CAMILLE DESMOULINS, monologue dramatique.

Paris. — Imprimerie Dondey-Dupré, rue Saint-Louis, au Marais, 46.

www.ingramcontent.com/pod-product-compliance
Ingram Content Group UK Ltd.
Pitfield, Milton Keynes, MK11 3LW, UK
UKHW020047080726
13614UKWH00004B/1946